coleção primeiros passos 330

Cristovam Buarque

O QUE É EDUCACIONISMO

editora brasiliense

Copyright © by Cristovam Buarque
Nenhuma parte desta publicação pode ser gravada,
armazenada em sistemas eletrônicos, fotocopiada,
reproduzida por meios mecânicos ou outros quaisquer
sem autorização prévia da editora.

Primeira edição, 2008
3ª reimpressão, 2008

Coordenação editorial: *Alice Kobayashi*
Coordenação de produção: *Roseli Said*
Projeto Gráfico e Editoração: *Digitexto Serviços Gráficos*
Capa: *Renata Junqueira*
Revisão: *Anna Pupo, Marcos Vinícius Toledo de Oliveira e Ricardo Miyake*

Dados Internacionais de Catalogação na Publicação (CIP)
(Câmara Brasileira do Livro, SP, Brasil)

Buarque, Cristovam
      O que é educacionismo / Cristovam Buarque --
São Paulo : Brasiliense, 2008. -- (Coleção Primeiros
passos ; 330)

    ISBN 978-85-11-00148-8
    1. Educação 2. Educação - Brasil 3. Ideologia
4. Sociologia educacional I. Título. II. Série.

08-06127   CDD-306.-43

Índices para catálogo sistemático:
1. Educacionismo : Sociologia educacional 306.43
2. Sociedade e educação : Sociologia educacional 306.43

editora e livraria brasiliense
Rua Mourato Coelho, 111 - Pinheiros
CEP 05417-010 – São Paulo – SP
www.editorabrasiliense.com.br

Para os educacionistas

Sumário

Introdução 11

As bases do educacionismo 15

Educacionismo, história e evolução 23

Educacionismo e luta de classes 33

a) A concepção educacionista de classe 33

b) A formação de classe pela apropriação do conhecimento 38

c) A inclusão dos "sem-classe" 39

d) A ascensão de classes 43

e) O controle social do conhecimento 45

f) O saqueio das gerações futuras pelo mau uso do conhecimento pelas gerações atuais 50

Educacionismo, trabalho, emprego e salário . . 53

a) Formação e emprego 53

b) Salário e formação 57

Educacionismo, alienação e emancipação 61

Educacionismo, igualdade e liberdade 67

Educacionismo e revolução industrial 75

Educacionismo, utopia e riqueza 79

Educacionismo e valor 87

Educacionismo e revolução 95

Educacionismo e imperialismo 99

Educacionismo e meio ambiente 105

Educacionismo e apartação 111

Educacionismo e nação 117

Educacionismo e minorias 119

Educacionismo e educação.............. 123

Educacionismo, escola pública federalização
e mundialização 127

Educacionismo, professor, família e mídia 131

A base material e o pacto do educacionismo .. 135

Pequeno dicionário do educacionismo 139

Bibliografia......................... 157

Nota

Em 2006, fiz campanha presidencial com programa de governo centrado em uma *nota só:* a necessidade e a possibilidade de uma revolução educacional como o caminho para reorientar um projeto de desenvolvimento no Brasil. O resultado foi positivo, ao difundir a ideia da educação como a principal necessidade do desenvolvimento brasileiro, mas não obteve mais de 2,5% do total de votos.

Este texto é produto da prática política, muito mais do que reflexão teórica. Surge da necessidade da ação: para *onde ir* e *como aglutinar*.

Para onde conduzir a humanidade nestes tempos sem propostas, nem bandeiras transformadoras.

E como aglutinar aqueles que não se conformam com o rumo da história, a civilização às vésperas do desastre ecológico, pelo aquecimento global, e da catástrofe ética, pela desigualdade crescente entre os seres humanos. E sentem-se órfãos pela falta de uma proposta utópica que substitua a descrença nas promessas antigas, descumpridas e negadas.

Cristovam Buarque
Brasília, Abril, 2008

Introdução

Quando Marx morreu, em 1883, não havia carros nas ruas, luz elétrica nas casas, motosserras nas florestas. Poucas décadas depois, as fábricas tinham robôs, a agricultura tinha transgênicos, a medicina era capaz de fazer milagres, e o avanço técnico tinha criado uma insaciável sociedade global com potencial para aquecer o planeta.

Apesar disso, ao longo de todo o século XX, a utopia do socialismo continuou baseada na transferência da propriedade dos meios de produção, dos capitalistas para os trabalhadores. Por sete décadas, essa visão teve uma aceitação quase unânime entre os descontentes com o capitalismo e os defensores do socialismo. Na prática, porém, as sociedades socialistas resultaram em economias ineficientes, criaram nova classe burocrática com privilégios aristocráticos, mantiveram seus trabalhadores mais empobrecidos do que o moderno proletariado dos países capitalistas desenvolvidos, implantaram sistemas políticos autocráticos, degradaram o meio ambiente e aceitaram a inexistência de liberdade individual e de alternância de poder.

Incentivada pelo fracasso do socialismo, a globalização neoliberal apresentou a ideia otimista do *fim da história**, o *desenvolvimento-cínico*:* a civilização teria atingido seu estágio superior, as ideologias seriam desnecessárias. Por outro lado, o pessimismo – social, ecológico e existencial – levou ao abandono da esperança, provocando o sentimento da inevitabilidade da marcha em direção à catástrofe, o *desenvolvimento-cético**: o *fim do progresso**, a globalização neoliberal.

Os otimistas assumem que o progresso, mesmo insatisfatório, já é ideal, sem necessidade de formulações ideológicas. Os pessimistas assumem que o progresso é a causa do desastre social e ecológico, sem esperança em uma civilização alternativa.

---

* Ver "Pequeno dicionário do educacionismo", pp. 145, 143, 143, 146, respectivamente, deste livro.

Mas o humanismo ainda existente na imaginação dos homens não aceita o atual estágio de desenvolvimento como o coroamento do projeto humano, recusa a perspectiva de que o desenlace do progresso será necessariamente o colapso da civilização e anseia por uma reorientação da utopia com a reconstrução de ideologias, para um *desenvolvimento ético**.

O educacionismo considera que a civilização industrial caminha para uma catástrofe, pois desiguala seus indivíduos e degrada o meio ambiente. E o caminho para interromper essa marcha exige substituir a utopia da igualdade na economia para a igualdade na educação: o filho do trabalhador na mesma escola do filho do patrão. Recusando aceitar a marcha ao colapso ético, social e ecológico e insistindo na busca de uma sociedade equilibrada, defende a reorientação do projeto civilizatório para assegurar a *mesma chance** entre classes, pela igualdade na educação e, entre gerações, por um *desenvolvimento sustentado**. Sua proposta toma a educação como o motor e o propósito de uma nova utopia.

---

* Ver "Pequeno dicionário do educacionismo", p. 150.

As bases do educacionismo

O sufixo "ismo" indica doutrinas: religiosas ou políticas. Cristianismo, judaísmo, budismo, islamismo são doutrinas religiosas, definem um conjunto de comportamentos individuais que permitiriam atingir um estado de graça sobrenatural. Capitalismo, socialismo, comunismo, desenvolvimentismo são doutrinas socioeconômicas, definem os comportamentos sociais que supõem atingir uma utopia na Terra. As primeiras são doutrinas religiosas e as últimas são ideologias políticas.

Ao longo do século XX, o crescimento das ideologias políticas deixou as religiões em segundo plano. O homem optou pela utopia na Terra, no lugar da graça no Céu. Os movimentos sociais pareciam mais fortes que as religiões, oferecendo a possibilidade da riqueza máxima na Terra e sua distribuição para todos.

O final do século mostrou o fracasso das ideologias.

O capitalismo nos países ricos mostrou sua perversidade com a destruição da natureza, o desemprego, a alienação, as guerras, a inflação, a recessão, a desigualdade em escala global e dentro de cada país. Nos países periféricos, o desenvolvimentismo trouxe todas as desvantagens do capitalismo central, mantendo a desigualdade, a exclusão social, a degradação das cidades, a violência urbana e a depredação ambiental. O socialismo confundiu igualdade com controle social da individualidade e, em nome do social, eliminou a liberdade individual, mostrou-se igualmente depredador da natureza e ineficiente na promoção da riqueza, além de manter bolsões de privilégios.

As ideologias da civilização industrial – capitalismo, socialismo ou desenvolvimentismo – ficaram prisioneiras da produção e da distribuição da renda, depredando o meio ambiente e oferecendo, sem conseguir atender, o consumo acessível às massas. O fracasso da utopia da civilização-industrial – seja pelo capitalismo, socialismo ou desenvolvimentismo

– trouxe a ideia da morte do próprio sentido de utopia: a aceitação do presente como a realização plena do projeto civilizatório ou o pessimismo do tipo *malthusiano**, o futuro catastrófico.

O século XXI nasce com a ideia da morte das ideologias, mas a realidade que nos rodeia mantém vivo o desejo de uma nova utopia, começando pela luta para interromper o desastre da *barbárie ético-ecológica**. A realidade do presente e previsões para o futuro. A volta das ideologias exige, mais do que nunca, a necessidade de sonhos utópicos, a volta da crença no futuro: ideologias.

É preciso algum "ismo" diferente dos anteriores que possa enfrentar a frágil instabilidade da economia global, a tragédia social de uma desigualdade que começa a se transformar em *dessemelhança**, a crise ecológica que aponta para o aquecimento global e a consequente ameaça à vida no planeta, os riscos dos novos e brutais meios de guerra que evoluem rapidamente nas mãos de estados imperialistas e grupos terroristas e, ainda, a perplexidade diante dos novos desafios criados pelo progresso e pelo vazio de alternativas.

---

* Ver "Pequeno dicionário do educacionismo", pp. 149, 141 e 143, respectivamente.

A civilização está carente e o espírito humano está devendo a definição de novo sonho utópico. Não apenas para a construção de uma realidade utópica previamente desenhada – como nos últimos 200 anos, desde o otimismo da revolução industrial – mas também para o projeto de nova utopia, que permita:

- primeiro, incorporar o objetivo do equilíbrio ecológico, sem o qual nenhum tipo de utopia será possível;

- segundo, recuperar o valor da liberdade individual, perdido pelo socialismo que, em nome da coletividade, abandonou o indivíduo, e deformado pelo absolutismo do liberalismo capitalista, que endeusou o indivíduo;

- terceiro, definir limites onde o liberalismo não tolerará a exclusão social nem a destruição ecológica – a liberdade individual ficaria dentro do espaço onde o limite inferior seria assegurar o consumo que não exclua socialmente e o limite superior seria impedir o consumo que ameace o equilíbrio ecológico; as desigualdades de renda, consumo e propriedade seriam toleradas desde que não provocassem exclusão social nem destruição ecológica;

- quarto, quebrar o apartheid social, a *apartação**, que hoje é ampliada pelo avanço técnico-científico nas áreas da genética e da biotecnologia a serviço de uma minoria dos seres humanos, ameaçando quebrar o sentimento de semelhança entre eles;

- quinto, construir uma sociedade global onde todos os seres humanos sejam capazes de integrar-se sem destruir-se e em liberdade.

A ideologia alternativa capaz de levar a essa utopia é o educacionismo: a doutrina pela qual o futuro utópico pode ser construído por meio de uma revolução educacionista, que assegure a cada ser humano os instrumentos necessários para a sua libertação intelectual e material, por meio da educação.

O educacionismo é mais do que um programa educacional, é uma ideologia que centra o progresso e a utopia em uma revolução pela educação. Na visão tradicional, a educação é um serviço; no educacionismo, é o instrumento de construção e transformação social: é o vetor civilizatório. Na visão economicista, desigualdade ou igualdade são corrigidas ou criadas

---
* Ver "Pequeno dicionário do educacionismo", p. 139.

pela economia; no educacionismo, o berço da igualdade ou da desigualdade está no berço social: a escola.

Diferentemente das ideologias materiais baseadas na economia, que fracassaram, e das religiões, que prometem uma utopia pós-vida, o educacionismo oferece a emancipação de cada ser humano e do conjunto da humanidade por meio da educação de todos, desde a primeira infância, assegurando igualdade de oportunidades e o conhecimento necessário para a construção de um futuro civilizatório ao mesmo tempo equilibrado e justo. Ao garantir conhecimento a todos, a revolução educacionista oferece, a cada país e ao mundo, pessoas capazes de:

- indignarem-se eticamente diante das ameaças ao futuro;

- deslumbrarem-se esteticamente diante das belezas do mundo;

- entenderem a lógica de como funciona a realidade, tanto física quanto social;

- comprometerem-se politicamente para melhorar o mundo;

- e incluírem-se profissionalmente no mercado de trabalho.

Embora os seus efeitos mais diretos estejam na dinâmica econômica e social em direção ao crescimento e à redução da desigualdade, os objetivos do educacionismo se distanciam das metas materiais da economia e se afastam das propostas de igualdade de renda. Sua utopia seria a igualdade de oportunidades, a garantia da *mesma chance* a qualquer ser humano, por meio da educação e do desenvolvimento sustentado. Sua revolução: a garantia de igualdade plena no acesso à educação para cada criança, independentemente da renda da família, da raça dos pais, do lugar onde vive; e a implantação de um modelo de desenvolvimento ecologicamente equilibrado. O educacionismo construiria assim a igualdade de oportunidades entre classes (pela educação igual para todos) e entre gerações (pelo desenvolvimento sustentável ecologicamente).

Educacionismo, história e evolução

A ideia da evolução histórica é anterior à ideia da evolução das espécies. Vico e Hegel antecipam-se a Darwin. Mas este trouxe a ideia de que o motor estava na capacidade dos mais fortes. No século XX, a ideia da sobrevivência dos mais fortes foi substituída pela ideia da supremacia dos mais hábeis ou mais adaptáveis. Diferentemente do que prevaleceu ao longo de todo o passado e continuou no Oriente por muito tempo, a história deixou de ser vista como simples repetição circular de fatos, adquiriu um destino. A humanidade avançava com um rumo. Os seres humanos se apossavam da natureza e dominavam de tal forma todas as demais espécies, que chegaram ao ponto atual da evolução com o poder de extinguir centenas delas anualmente e de ameaçar o equilíbrio ecológico.

Marx acrescentou a visão de que o avanço técnico e a luta de classes explicavam os avanços do passado e orientavam o avanço futuro, inevitável e contínuo, que faria a história chegar ao comunismo libertário, dinâmico e igualitário. Não era a capacidade do mais forte, como Darwin dizia acontecer na natureza, e sim da classe mais bem adaptada para permitir que o avanço técnico continuasse. O capitalismo não acabaria pela força do proletariado, mas porque deixaria de ser um sistema dinâmico, emperraria a continuidade do avanço técnico. As classes e os partidos apenas apressavam o esgotamento do sistema.

Por trás dessa visão evolutiva, havia um sentimento de determinismo histórico, popular entre historiadores modernos. A história teria um sentido lógico, aconteceria para cumprir desígnios: a humanidade é o produto de uma evolução da natureza; a civilização, o resultado da evolução social.

Nada garante, porém, que haja determinismo nessas duas evoluções: o passado tendo ocorrido como resultado de forças com uma lógica que permitiria explicar o futuro. O passado inevitável, o futuro

O que é educacionismo 25

previsível. Mais provável é a visão não determinista de que tudo poderia ter acontecido diferentemente, ou não ter acontecido, ou ainda nunca vir a acontecer. E que o futuro pode seguir alternativas diferentes.

Para chegar até aqui, na civilização global tecnificada, a humanidade dobrou seis diferentes esquinas, que poderiam não ter acontecido. A primeira foi a evolução biológica para o *homo sapiens,* provavelmente na África. Ela poderia não ter acontecido ainda, como não aconteceu para nenhuma outra espécie. A segunda, foi a revolução da agricultura, do sedentarismo e das cidades, ocorrida provavelmente no Oriente Médio, e que ainda não aconteceu para muitos grupos humanos que continuam vivendo como nômades, na mesma forma de nossos mais remotos antepassados. Depois, também poderia não ter acontecido ainda a esquina que deu lugar à racionalidade lógica, criada na Grécia antiga. Afinal, uma parte considerável dos seres humanos ainda continua avessa à racionalidade. A quarta foi a esquina que, na Inglaterra dos séculos XVIII e XIX, usou a racionalidade para induzir a revolução industrial, canalizando o potencial de inteligência dos seres humanos para criar ferramentas que aumentaram a eficiência na produção dos bens que necessitavam para sua sobrevivência, material e cultural. Foi a Revolução Industrial I, da produtividade, criando a modernidade. No começo do século XX, essa revolução industrial adquiriu uma nova forma, dobrou uma quinta esquina: a Revolução Industrial II, do consumismo, ocorrida especialmente nos Estados Unidos, ao orientar a imensa capacidade científica e tecnológica dos seres humanos para inventar novos produtos e criar demanda, no lugar de apenas aumentar a eficiência na fabricação dos mesmos produtos que antes eram necessários, como acontecera na Revolução Industrial I. Foi logo depois da morte de Marx que a civilização dobrou a quinta esquina: da Revolução Industrial I, da produtividade, para a Revolução Industrial II, do consumismo; o avanço técnico passou a se preocupar mais com a invenção de novos produtos do que com a invenção de métodos mais eficientes para fabricar os mesmos produtos. A virada na dedicação da inventividade humana – da busca de aumentar a produtividade dos mesmos produtos para a busca de criar novos produtos – fez com que o avanço técnico deixasse de ser um instrumento de redução para ser um instrumento de indução de novas necessidades. Essa esquina foi possível porque, ao lado do avanço técnico criando novos produtos, a civilização inventou as formas de manipulação social para a criação de demandas, por meio das diversas formas de publicidade.

O que é educacionismo 27

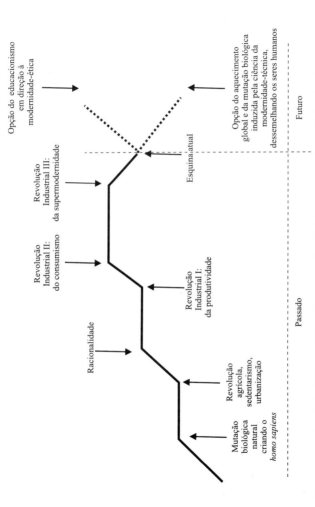

Na passagem dos séculos XX para XXI, mais uma esquina foi dobrada, em caráter global: a Revolução Industrial III, do salto radical no poder da ciência e da tecnologia a serviço do atual mundo da supermodernidade*.

Qualquer dessas esquinas poderia não ter sido dobrada ainda ou nunca ter sido dobrada. Mas, ao ocorrerem, criaram a atual realidade e permitiram imaginar não um futuro pré-determinado, mas duas alternativas adiante, em uma sexta esquina a ser dobrada: por um lado, continuando a marcha para a *hipermodernidade** (induzida pela *modernidade-técnica*,* com a quebra do sentimento de semelhança entre os seres humanos e a degradação ambiental); por outro, com o redirecionamento em direção à *modernidade-ética** construída pelo educacionismo.

Nenhuma das mudanças ocorridas até hoje poderia ser antecipada. Pela primeira vez na história, somos agora capazes de antecipar as alternativas adiante. Também é a primeira vez que, além do poder de antecipar, temos os recursos e a capacidade técnica de escolher o caminho a seguir. Falta-nos, talvez, a capacidade política de aglutinar as forças necessárias para escolher o caminho certo.

Marx acompanhava cada aspecto dos grandes saltos técnicos que ocorreram durante sua vida e deles tirava otimismo para o processo histórico. Em seu livro *Marx*, p. 184, Jacques Attali conta que em 14 de abril de 1856, ele disse num discurso: "O vapor, a ele-

---

* Ver "Pequeno dicionário do educacionismo", pp. 147, 150 respectivamente.

tricidade e as diferentes invenções têm um caráter revolucionário muito mais perigoso (para o sistema burguês) do que os burgueses Barbes, Raspail e Blanqui". Hoje, quando o avanço técnico dá outro salto, a mesma percepção de Marx do poder revolucionário da técnica continua válida, mas, se observamos a história adiante com base na tendência das últimas décadas, o otimismo já não é válido.

No século XIX, o avanço técnico gerava profundos problemas de deslocamento e desapropriação de terra de camponeses, desemprego, inflação, mas não dessemelhava os seres humanos nem destruía a base natural da vida; mesmo gerando desemprego, não gerava *sem-empregos**, pessoas descartáveis: o trabalhador desempregado um dia podia ter emprego em outro dia, à custa de outro trabalhador que ficasse desempregado. Eles eram semelhantes, substituíveis uns aos outros, e seus conhecimentos eram compatíveis entre eles e com o estágio de conhecimento necessário para manusear as máquinas então utilizadas. Embora desiguais, eram semelhantes até mesmo ao patrão, o que ocorria graças ao avanço proporcionado pelo capitalismo em comparação com a escravidão, o feudalismo e os sistemas aristocráticos e teocráticos anteriores. A expectativa de vida era quase a mesma

---

* Ver "Pequeno dicionário do educacionismo", p. 153.

para ricos e pobres. As rainhas morriam de parto na mesma proporção que as camponesas.

Com exceção dos tempos de fome, quando a comida era reservada para os poderosos, os príncipes corriam os mesmos riscos de morte na infância que os filhos dos operários. As diferenças de higiene não impactavam substancialmente a esperança de vida, diferenciando-a entre classes: tomavam a mesma água, os mesmos remédios, dispunham dos mesmos conhecimentos médicos. O conforto não era muito diferente: se a casa do pobre trabalhador era menor do que a casa do rico patrão, esta, como a outra, não dispunha de banheiro, ar condicionado ou aquecimento, luz elétrica, nem água quente, nem qualquer dos modernos utensílios domésticos. Hoje, o avanço técnico descarta pessoas no trabalho, desiguala a saúde, a esperança de vida e caminha para dessemelhar biologicamente os seres humanos: alguns *mais humanos* do que outros, pela melhoria biológica, e *menos humanos*, pela piora nos valores éticos.

A permanência da tendência dará continuidade ao uso da inteligência dedicada à irracionalidade da voracidade de transformar a natureza em bens de consumo, mesmo destruindo a base da sobrevivência dos seres humanos e dividindo-os em blocos diferenciados.

Segundo a visão de Arthur Koestler, essa marcha é inevitável, porque o homem ameaça seu próprio futuro, por ser uma espécie com um defeito na sua fabricação, na sua evolução biológica: uma espécie suicida, por ter seu cérebro dividido entre uma parte racional, capaz de fazer a bomba atômica, e outra irracional, capaz de usá-la; a racionalidade de construir o sistema industrial com força para mudar o clima no planeta e outra parte irracional, incapaz de frear seu desejo de consumidor voraz. Com poder de transformar a natureza, mas incapaz de controlar seus instintos. Daqui para a frente à evolução não estará favorecendo os mais fortes e sim os mais ricos, não aqueles capazes de se adaptar, mas os que forem dotados de meios para comprar a química ou a engenharia indutora da mutação biológica. E o conjunto carregando o vírus da insanidade coletiva de caminhar para o desastre, mesmo prevendo-o. Este destino repetiria, em nível global, civilizatório, o que Bárbara Tuchmann apresenta como a marcha da insanidade para nações, individualmente. E Koestler previu para o mundo global, antes mesmo da percepção científica dos impactos ecológicos e das descobertas genéticas, no mundo global.

Nos últimos dois séculos, o avanço técnico foi visto como o objetivo que determinaria a base social e cultural. Marx dizia que a infraestrutura, a técnica, definiria a superestrutura, todas as características sociais. Esse caminho está conduzindo a civilização para o desenlace catastrófico.

No lugar do avanço técnico definir as regras da racionalidade econômica, submetendo os objetivos sociais e ecológicos e conduzindo a humanidade cega para a desigualdade e o aquecimento global, agora seriam os valores éticos da igualdade de oportunidades entre classes e entre gerações que definiriam os objetivos sociais, a partir dos quais se construiria a racionalidade econômica que determinaria como a técnica transformaria a natureza nos homens e seus produtos.

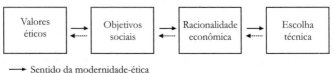

⟶ Sentido da modernidade-ética
┄┄▶ Sentido da modernidade-técnica

A solução política para essa reorientação não virá da revolução de uma classe sobre outra, não será obtida pela economia, por evolução na produção (como defendem os capitalistas) ou revolução na propriedade – (como defendem os socialistas) – mas pela revolução educacionista.

EDUCACIONISMO E LUTA DE CLASSES

A) A CONCEPÇÃO EDUCACIONISTA DE CLASSE

Para os defensores do capitalismo, a luta de classes estava resolvida graças ao uso democrático da organização sindical como canal das reivindicações dos trabalhadores e à liberdade de mercado para canalizar os interesses dos empreendedores. O mercado favorecia as empresas competentes na disputa pela renda com seus concorrentes; a organização sindical favorecia os trabalhadores na disputa pela renda com a empresa.

Para os socialistas, a luta de classes seria resolvida com a vitória do proletariado e a abolição da burguesia, quando desaparecesse a propriedade privada dos meios de produção, graças à revolução liderada pelas classes trabalhadoras que assumiriam o controle do capital e distribuiriam de modo equitativo a renda nacional entre os trabalhadores. A realidade das últimas décadas mostra três mudanças na justificativa da luta de classes como o instrumento do progresso social.

Primeiro, o conceito de classes nítidas em oposição uma à outra – proletariado e burguesia – que já era contestado teoricamente no tempo de Marx, ficou ainda mais frágil no mundo de hoje, onde o número de classes é grande e com interesses tão intrincados entre elas que se torna difícil estabelecer seus limites, suas alianças e seus antagonismos. O que antes ocorria em momentos de graves crises do capitalismo tradicional, quando o desemprego era geral, tornou-se regra no capitalismo global e neoliberal. Com a dificuldade na obtenção de emprego, muitos trabalhadores passaram a ver o patrão como protetor e não como explorador. Ao disputarem empregos entre si, alguns trabalhadores de hoje veem maiores opositores nos demais trabalhadores com os quais disputam do que no patrão que lhes oferece emprego. Além de que esse emprego oferece não apenas um salário, com possibilidade de acesso ao consumo, mas também diversos benefícios adicionais. É em função disso que, atualmente, os enfrentamentos dos trabalhadores são mais comuns com os governos do que com os capitalistas; entre sindicatos e patrões há mais diálogo do que conflitos.

E, embora de forma silenciosa, há uma nítida disputa entre os trabalhadores do setor moderno da economia e os pobres excluídos. Se toda a renda nacional anual da Inglaterra ao tempo de Marx fosse dividida entre a população, a renda de todos os despossuídos de capital – incluindo os trabalhadores empregados – se elevaria. Hoje, se a renda fosse dividida por toda a população, a renda cairia para os trabalhadores do setor formal com educação de base e qualificação profissional e subiria apenas a dos despossuídos de emprego. Esse estágio de luta de classes faz com que certos empregados do setor privado e certos servidores públicos de salários mais elevados consigam aumentos em seus salários e outros benefícios à custa de investimentos sociais para os pobres, na educação, saúde, moradia, água, esgoto.

Segundo, o capitalismo global cooptou os trabalhadores qualificados, incorporando-os entre os beneficiados do sistema, excluindo uma imensa parte da população que nem sequer consegue ser trabalhadora, não tem salário, não tem a possibilidade de participar de um sindicato, tornou-se descartável. Em decorrência disso, apesar da desigualdade no tamanho do patrimônio, os trabalhadores qualificados podem ter, graças a salários e benefícios, um bom padrão de vida, casos próximos ao dos patrões. Patrimônios muito desiguais, padrões de consumo sem grandes diferenças, dependendo da qualificação do trabalhador.

Uma visão clara dessa situação encontra-se nas relações entre patrões, empregados com qualificação superior e peões de construção civil. O salário de um trabalhador bem qualificado permite uma habitação com os mesmos serviços básicos da moradia dos patrões. Isso ocorre em função da diferença entre os salários dos trabalhadores qualificados e os salários dos pobres peões-de-construção sem qualificação. Graças a esse diferencial salarial, as moradias das classes médias brasileiras chegam a ser melhores e mais confortáveis que as moradias dos trabalhadores igualmente qualificados em países ricos. Nestes, a diferença entre o salário do operador qualificado e o salário do trabalhador de construção, ele também um operador, embora menos qualificado, é muito menor do que no Brasil. Há uma *mais-valia triangular*[*]: o capital se apropria de uma parte do valor produzido por todos os trabalhadores, mas o capital e o trabalho qualificado se apropriam do valor produzido

_____

[*] Ver "Pequeno dicionário do educacionismo", p. 148.

pelo trabalho sem qualificação. Prova disso é quanto o Estado gasta na formação universitária dos quadros superiores da sociedade e na qualificação técnica dos operadores da economia, deixando de lado a educação de base das grandes massas. São recursos drenados dos mais pobres para os mais ricos, mesmo que em nome do progresso nacional.

Terceiro, a luta de classes tornou-se triangular: de um lado, os patrões e seus trabalhadores do setor moderno; de outro, as massas excluídas. No primeiro grupo, a luta de classes foi amaciada por acordos firmados quase sempre antes dos conflitos. Salários maiores, distribuição de lucros, seguro de saúde, financiamentos para a compra de bens e serviços fazem com que o trabalhador moderno deixe de ver razão para ameaças revolucionárias. E entre os dois grandes grupos modernos (trabalhadores ou capitalistas) e os excluídos (desempregados ou trabalhadores sem qualificação), a luta de classe se dá sem o menor poder de barganha para os últimos, incapazes de se organizarem na condição de mão-de-obra desqualificada, em um tempo de elevadas exigências de qualificação para os operadores.

Por essas razões, o educacionismo não ignora que há choque de interesses entre as classes, mas, diferentemente da visão economicista, que concentra essa luta entre capital e trabalho, o educacionismo coloca a luta de classes entre os proprietários e os despossuídos do capital-conhecimento.

B) A FORMAÇÃO DE CLASSE PELA APROPRIAÇÃO DO CONHECIMENTO

A educação no Brasil é um instrumento de exclusão social. Em 2005, 6,7 milhões de crianças tinham entre 5 e 6 anos, mas apenas 4,8 milhões estavam matriculados na 1ª série do ensino fundamental; 2,1 milhões estavam matriculados na 3ª série do ensino médio e apenas 1,8 milhão concluíram este nível de ensino. Embora tais dados mostrem a fotografia do ano 2005, não revelam a evolução dos mesmos alunos: os números indicam que cerca de 3 milhões são deixados para trás depois de entrar na escola, 4,9 milhões se consideramos também aqueles que nem chegaram a se matricular. Em cada três crianças das que se matricularam na primeira série do ensino fundamental, pouco mais de uma conclui o ensino médio.

A exclusão é ainda mais forte quando se analisa a qualidade e se percebe que a totalidade dos filhos da classe média e rica termina o ensino médio e que a evasão se concentra nas classes pobres – e mesmo entre as crianças desses setores sociais mais pobres, e que conseguem concluir o ensino médio, raras têm a oportunidade de uma escola que possa ser considerada de qualidade satisfatória.

Os pobres saem ainda mais prejudicados devido a complementações educacionais junto a suas famílias desprovidas de educação ou por carência de equipamentos culturais e atividades extracurriculares à sua disposição.

Da mesma maneira que no passado os privilégios se formaram pela apropriação dos meios de produção, os privilégios feudais com a apropriação da terra pelos nobres e a exploração dos camponeses, e, no capitalismo, pela apropriação do capital e exploração dos trabalhadores assalariados, hoje os privilégios se mantêm pela apropriação dos meios de formação educacional.

Essa é a verdadeira luta de classes de hoje. Não mais entre capital e trabalho, mas entre quem tem e quem não tem acesso à educação de qualidade.

c) A INCLUSÃO DOS "SEM-CLASSE"

Apesar de toda fragilidade científica de suas explicações – quais são classes, como elas se ligam, como se opõem e como se equilibram – a teoria da luta de classes tem sido usada sistematicamente como instrumento de análise da evolução social e suas revoluções.

No Brasil, a luta de classes tem sido um método ainda mais frágil para explicar toda a dimensão da realidade social, porque as elites brasileiras têm condenado uma parte da população à exclusão, classificando-a como *sem-classe*, *não-classe* ou *fora-de-classe**. Primeiro, quando manteve o sistema escravocrata por quase quatrocentos anos; segundo, a partir da Abolição, negando aos pobres propriedade, direitos e educação que lhes permitissem participar do processo social.

Enquanto o conjunto da população era sem educação e esta não era necessária para o trabalhador participar do processo social, inclusive econômico, o abandono da educação não trazia grandes impedimentos à possibilidade de emprego, ao bem-estar social e ao crescimento da economia. Mesmo sob a escravidão, houve progresso econômico no Brasil, mas não social. A necessidade de escravizar africanos, trazê-los, comprá-los, mantê-los alimentados e saudáveis, explorados e acorrentados era prova de que havia escassez de mão-de-obra e não havia necessidade da qualificação. Os escravos chegavam ao

---

* Ver "Pequeno dicionário do educacionismo'", p 146.

Brasil sem jamais terem visto uma enxada e sabiam imediatamente como utilizá-la, sem necessidade de qualquer qualificação; e eram obrigados ao trabalho forçado, porque não havia desemprego. Hoje é exatamente o contrário, não há emprego e há necessidade de qualificação.

Com a abolição da escravatura, os principais produtos continuaram agrícolas, os trabalhadores continuaram sem necessidade de qualificação, morando em zonas rurais, com baixíssimos salários, em sistema semifeudal. Com a industrialização, ocorreu a migração para a cidade, o processo social e econômico passou a exigir qualificação profissional como condição para o emprego, mas os sem educação continuaram sendo tratados como *sem-classe*. Esse é o tratamento dado até hoje a uma parte considerável dos trabalhadores brasileiros: não-fichados, informais, tercerizados-de-baixos-salários.

Uma proporção muito próxima da que havia durante a escravidão, entre trabalhadores livres e escravos, hoje divide a população brasileira entre incluídos, *com-classe*, e excluídos, *sem-classe*, ou *fora de classe*, expressão usada muitas vezes para indicar, na Índia, as mais baixas entre as castas intocáveis. No Brasil não são *intocáveis** no sentido religioso do hinduísmo, mas são *invisíveis*** do ponto de vista social e de sua participação na dinâmica do progresso.

Nas ideologias tradicionais, dentro do mundo teórico do industrialismo, a migração da *não-classe* ou sem-classe para a classe proletária se faria por meio de investimentos que gerariam emprego. Se essa foi uma visão falsa no passado, porque enganou as massas pobres nunca incorporadas, é ainda mais no presente, ao não explicitar que não haverá empregos bons, salários e acesso aos direitos da formalização para os que não tiverem um bom nível de educação.

Para o educacionismo, antes mesmo de considerar a luta de classes, é preciso incluir aqueles ainda "sem-classe" no mundo das classes dos incluídos: o caminho é a educação. Por isso, o educacionismo considera que a revolução na educação é uma condição preliminar a todo processo de avanço social, pleno, includente, onde todos participem. Essa ideia já é percebida na prática pelas classes médias baixas, ao fazerem prodigiosos esforços para que seus filhos disponham de um diploma

---
* Ver "Pequeno dicionário do educacionismo", p. 147.
** Ver "Pequeno dicionário do educacionismo", p. 148.

d) A ASCENSÃO DE CLASSES

universitário. Querem seus filhos fora da exclusão, com uma posição de classe.

A evolução tecnológica, ao mesmo tempo em que reduz o número de empregos, exige educação e qualificação do trabalhador para as poucas vagas disponíveis. O dinâmico mundo da evolução tecnológica não oferece emprego para os sem-qualificação, nem estabilidade para aqueles com pouca qualificação. A empregabilidade já não vem do crescimento da oferta de vagas, mas sobretudo da oferta de mão-de-obra qualificada. O trabalhador integrado no sistema deve sua posição não mais à migração do campo para a cidade e a um curto treinamento, mas ao estudo. A ascensão dos *sem-classe* já não pode ocorrer graças a qualquer emprego, porque ele ficou raro e exige qualificação.

Só resta a esperança de ascensão social pelo acesso à propriedade do capital-conhecimento. Para isso, não basta mais um simples curso técnico para formar operários. As novas máquinas inteligentes exigem operadores cuja formação requer boa educação de base. Mesmo os filhos das classes médias e dos trabalhadores do setor moderno ficarão sem futuro se não tiverem acesso à educação de qualidade, tanto para o trabalho na linha de produção quanto para os que assumem posições executivas.

Atualmente, poucos entre os grandes empresários entregam suas empresas automaticamente aos filhos. Elas são transferidas a executivos bem treinados, sejam filhos deles ou de outros, inclusive filhos de pobres que tiveram oportunidade de acesso a bons estudos e, graças ao diploma qualificado, pularam a *cortina de ouro**. O filho do patrão só herda o poder na empresa se o dinheiro do pai for usado para oferecer-lhe educação e ele estudar para adquirir a formação. A renda da família permite comprar o direito à boa escola, mas a educação não é comprada, é adquirida pelo estudo do filho. Para transformar a renda em uma posição de destaque no mercado de trabalho, as famílias abastadas terão de pagar boas escolas para os filhos, mas esses terão de aproveitar a chance para desenvolver o próprio potencial, não apenas comprar um diploma. A família sozinha pode ser o apoio, mas não o elemento determinante da promoção social, que só virá com o esforço direto, pessoal do filho que estudar, ele próprio. Até porque, daqui para a frente, nem o diploma sozinho terá va-

---

* Ver "Pequeno dicionário do educacionismo", p. 142.

lor. Por isso, já não é possível comprar diretamente posição social, seja no setor privado do qual for dono, seja no aparelho do Estado no qual for influente.

A luta de classes na economia ficou apenas como manifestação da luta de classes entre quem tem e quem não tem conhecimento. Esta sim é a luta de classe concreta. E sua vitória passou a ser conseguida menos graças ao papel dos sindicatos e mais graças ao papel da escola. Não mais pela transferência do capital para o Estado a serviço de um partido revolucionário, mas com a transferência dos filhos dos pobres às boas escolas dos filhos dos ricos.

O educacionismo, mais do que o socialismo, é o caminho para se exercer a luta de classes em benefício dos pobres. Mas isso não se fará por salários controlados pela máquina do Estado, conquistados e fixados segundo a vontade ou a disputa política, e sim à medida que os pobres tiverem acesso ao conhecimento que os transforme em operadores, usando a escola de qualidade que lhe é oferecida pelo Estado para ser promovido por seu talento e dedicação.

O educacionismo, nesse sentido, quebra o paternalismo, porque as famílias ricas podem pagar a escola, mas é o filho quem estuda. No educacionismo, une-se o Estado ao indivíduo, a democracia ao mérito.

e) O CONTROLE SOCIAL DO CONHECIMENTO

Essa realidade fará aflorar uma nova luta de classes, não mais pelo controle do capital, como propunha o socialismo, mas pelo controle do acesso às boas escolas. As classes médias e altas perceberão que o futuro dos seus filhos depende da educação que recebem e que, se todos tiverem a mesma educação, a elite dirigente do Estado e das empresas será majoritariamente dominada por profissionais vindos das camadas mais pobres, pelo simples fato de que são a maioria. Isso não ameaçará as estruturas básicas do sistema social e econômico, porque os novos dirigentes servirão às regras que hoje prevalecem; mas significará uma ascensão social dos que estudarem e, em consequência, uma queda social relativa dos indivíduos das atuais classes médias e altas se não adquirirem o passaporte educacional.

O futebol e outros esportes de massa são provas de que uma revolução educacional fará prevalecer o talento sobre a classe de origem. Como a bola é redonda para todos e os pobres formam a maior parte da população, são eles que chegam ao topo da carreira futebolística. Mas, para entrar em uma universidade, a regra do sucesso está na escola de base onde se estudou. E as escolas não são redondas para todos. Para os pobres, elas são quadradas: degrada-

O que é educacionismo 47

das, abandonadas, desequipadas, com poucas horas de aulas, professores mal remunerados. Para os ricos, são redondas: bem equipadas, com professores bem formados e dedicados e com complementação extraescolar em horário integral. Nessas condições, a maioria fica excluída, só a minoria tem acesso ao jogo do conhecimento.

O educacionismo quer fazer com que as escolas sejam igualmente boas para todos, como a bola é redonda para todos, e defende que esse é o único caminho para a construção de uma sociedade justa e eficiente. Mas a defesa da escola do pobre igual à escola do rico poderá provocar uma disputa política, pela natural recusa destes últimos à perda da proteção patrimonialista para seus filhos. Agora, não se trataria de herdar patrimônio, mas continuar dispondo de uma escola comparativamente melhor do que a escola dos filhos dos pobres.

A defesa do educacionismo enfrentará duas disputas: ideológica, pelo vício secular de ver o processo social como resultado da economia, não da educação; e pelo medo das classes ricas de que haja uma ascensão das camadas pobres, quebrando os privilégios e jogando para baixo os filhos dos ricos que não se prepararem, pelo estudo, para obterem a propriedade do capital-conhecimento. Com os pobres excluídos de escolaridade de qualidade, os filhos das classes altas não necessitam estudar muito, porque não encontram concorrência. A exclusão protege os que estão dentro das escolas, mesmo sem grande dedicação ao estudo. Essa talvez seja uma das explicações pela qual, no Brasil, as escolas privadas não precisam exigir muito dos seus alunos, diante do abandono da escola pública. Os filhos dos ricos estão protegidos da concorrência educacional, graças a suas escolas melhores, relativamente. Mesmo com uma população de 40 milhões de ricos ou quase-ricos, com renda *per capita* equivalente à de país emergente, o Brasil é um país atrasado intelectual, científica e tecnologicamente, porque dois terços da população excluída da educação formam um potencial perdido e um terço recebe uma educação sem necessidade de grande qualidade, já que está protegido pela má educação dos excluídos. Ao ignorar a luta pela escola pública de qualidade para todos, a defesa das cotas para negros no ingresso à universidade carrega esse viés protecionista: os poucos jovens negros das classes médias e altas, que saem das escolas privadas, são beneficiados, sem a concorrência dos jovens negros filhos dos pobres, que ficaram para trás, antes da conclusão do ensino médio.

Enquanto enganam os pobres com a ideia de que a revolução está na economia, os ricos mantêm os privilégios para seus filhos em escolas que, mesmo não sendo excelentes e não obrigando ao estudo, são melhores do que as escolas dos filhos dos pobres.

As lideranças da esquerda dizem defender os trabalhadores pela estatização do capital, mas também sentem seus filhos ameaçados se a escola dos trabalhadores for tão boa quanto a de seus filhos. Por ignorância ou má-fé, dizem-se progressistas ao defender a estatização do capital dos capitalistas, mas mantêm seus próprios privilégios de donos do capital-conhecimento para si e seus filhos estudando em escola privadas, financiadas em parte com recursos públicos.

A defesa intransigente do diploma universitário para o exercício de qualquer profissão é o meio utilizado para a exclusão dos que não têm possibilidade de ingressar no ensino superior.

O educacionismo enfrenta essa luta de classes e de ideologias propondo uma escola igual na qualidade para todos, independentemente da renda dos pais e da localidade onde vive a pessoa. Propõe a universalização e equalização da máxima qualidade da escola pública. Essa é uma posição de forte radicalismo político no mundo inteiro, porque são raros os países que chegaram perto de tal nível. Os atuais países chamados desenvolvidos têm uma situação muito melhor do que a brasileira, mas ainda não atingiram a igualdade de qualidade, desde os primeiros anos de idade até o final do ensino médio. Apesar de terem iniciado essa revolução no século XIX, ainda existem desigualdades no acesso escolar de qualidade, segundo a classe social. A revolução educacionista completa chegou a raros países ou talvez a nenhum ainda.

F) O SAQUEIO DAS GERAÇÕES FUTURAS PELO MAU USO DO CONHECIMENTO PELAS GERAÇÕES ATUAIS

A geração presente sempre foi o sustentáculo das gerações futuras, alimentando-as e educando-as. Com isso, cada geração era mais beneficiada do que sua antecessora. Mas, ao dobrar a esquina do consumismo, o conhecimento humano, técnico e científico passou a ser vetor de destruição ecológica. Sem regras éticas, o poder técnico avança sem respeito a objetivos sociais. Com a força das ferramentas da *supermodernidade*, as gerações atuais se apropriam do conhecimento e o utilizam para aumentar seu consumo ao custo da destruição rápida e insensata da natureza, sacrificando o bem-estar da humanidade futura. O saber, que antes criava e construía um mundo melhor para cada geração seguinte, passou a ser também um demolidor do futuro. E, em consequência, surgiu uma luta de classes entre gerações: a atual geração de seres humanos se apropriando da natureza em detrimento das futuras gerações. É a *mais-valia-geracional*.*

Somente com uma reorientação do papel do conhecimento, por meio de uma revolução na educação, será possível uma nova mentalidade que saia do imediatismo com que cada geração trata a natureza ao seu redor.

---

* Ver "Pequeno dicionário do educacionismo", p. 149.

Educacionismo, trabalho, emprego e salário
IV

a) Formação e emprego

O Brasil começou pelo trabalhador escravo, usando a força de seus braços. Bastava descer de um navio, receber uma enxada e o africano tinha o conhecimento necessário para desempenhar seu trabalho. O avanço técnico e a substituição do escravismo pelo capitalismo forçaram o trabalhador a usar as mãos habilitadas, daí a expressão mão-de-obra. O trabalhador vinha do Nordeste para o Sudeste em um caminhão, começava com um trabalho puramente manual e, com um curto curso de ferramenteiro, passava ao trabalho especializado e se transformava de escravo em operário. Hoje, o trabalhador não terá emprego moderno e bem remunerado sem uma formação especializada que o transforme de operário em *operador**: no lugar das mãos, deve usar os dedos para mover as máquinas pelos meios digitais. Usar os dedos, sem necessidade da força e da habilidade das mãos, exige melhor educação para usar o potencial do cérebro.

O centro das atividades produtivas passou da força dos braços dos escravos para a habilidade das mãos dos operários; agora, para o conhecimento dos cérebros dos operadores. Não mais a força nem a habilidade, é preciso conhecer.

Antes, com a alfabetização e um mínimo de talento, qualquer um era capaz de adquirir a qualificação para a maior parte das atividades produtivas. Hoje, o operador, ao contrário do operário, precisa do ensino médio completo, sem o que não terá condições de aprender as novas técnicas que exigem um mínimo de familiaridade com equipamentos de computação e palavras estrangeiras.

No tempo de Marx e até algumas décadas atrás, as empresas contratavam operários entre os primeiros desempregados em fila, de manhã cedo, na

---

* Ver "Pequeno dicionário do educacionismo", p. 150.

O que é educacionismo 55

sua porta. Hoje, o que vale não é a ordem de chegada, mas a qualificação que carrega cada desempregado. Todos os dias, as agências de emprego espalhadas pelo Brasil ficam com milhares de vagas não preenchidas por falta de qualificação. Entre as vagas e os desempregados há um abismo só transponível por escolas, que funcionem como portas, ou pontes, entre desempregados e vagas.

O educacionismo é o caminho para fazer essa transição do operário ao operador, sem o que os ex-operários ficarão desempregados ou condenados a atividades subalternas, que ainda não exigem formação. Mesmo estes tenderão a ser substituídos em um futuro não muito distante. A limpeza do chão de fábrica, que hoje é feita por um trabalhador com pouca qualificação, usando uma vassoura e recebendo baixos salários, em breve será realizada por máquinas movidas a distância por um operador com qualificação.

A realidade é que não haverá mais emprego de qualidade sem formação de qualidade. Formação e emprego serão sinônimos, desde que a formação leve em conta as necessidades de profissionais no mercado. A ocorrência de mão-de-obra universitária e até pós-graduada desempregada não é o resultado da formação: é a concorrência mercadológica da formação em áreas que estão sobrando, obsoletas, diante da inovação tecnológica; da dificuldade pessoal dos formados reciclarem suas qualificações para áreas com necessidade de pessoal; e da incapacidade ou indecisão dos estados em planificar antecipadamente as necessidades para o futuro. Nem sempre a formação necessária precisa ser de nível superior, no sentido universitário. Muitas vezes a necessidade é de formação de nível médio, mas competente e adaptada às demandas da economia e da sociedade, no presente e no futuro.

Por isso, o educacionismo defende formação para todo trabalhador, qualificando-o para operar as máquinas inteligentes, com permanente reciclagem para que ele seja capaz de adaptar-se às inovações. Além disso, para que possa receber formação de altíssima qualificação para eventualmente poder desenhar e construir máquinas e inventar novos produtos.

Pode-se dizer que, um dia, todas as profissões estarão sobrando, mas, nesse caso, a sociedade terá chegado ao seu estágio superior de substituição do trabalho pelo lazer remunerado, *o ócio criativo**. As massas educadas farão a reorganização social necessária para transformar desemprego em lazer. De certa forma, isso começa a acontecer em países onde

---

* Ver "Pequeno dicionário do educacionismo", p. 150.

muitos trabalhadores-operadores escolhem o período do ano em que trabalham, usufruindo no outro período do lazer financiado pela poupança feita com os salários ou pelos incentivos existentes. Com a globalização, muitos desses operadores-em-tempo-parcial conseguem escolher o país onde trabalham em seus períodos-de-labor entre períodos-de-lazer.

Cabe lembrar que a substituição do operário pelo operador, da habilidade manual para o conhecimento digital, vai permitir a substituição simples entre trabalhadores de uma função a outra, de um setor a outro, sem o que a redução da jornada de trabalho fique muito difícil.

Só a educação de qualidade vai permitir o emprego e a vida capazes de combinar labor e lazer.

B) SALÁRIO E FORMAÇÃO

O viés ainda presente da luta de classes entre proletários e capitalistas concentra a ideia de salário como um fato separado da formação de mão-de-obra, sendo os salários definidos sobretudo pela organização e força sindical do proletariado.

A partir de agora, a força sindical será cada vez mais frágil para a definição dos salários e a remuneração do trabalhador será, cada vez mais, definida por sua formação. A ascensão salarial será cada vez menos o resultado da organização política sindical e cada vez mais o resultado do talento individual. Mesmo o setor público, sujeito às pressões políticas e com menos cobrança da produtividade, exige ensino médio nos concursos para qualquer atividade, deixando os trabalhos ainda puramente manuais para os chamados serviços terceirizados.

Nesse aspecto, o que diferencia o educacionista e o neoliberal é que este trata a educação como um recurso econômico produzido para o mercado pela compra da formação na escola privada, sem preocupação com a igualização de oportunidades e sem considerar que a saída para assegurar a mesma chance está na escola publica de qualidade igual para todos, mantida pelo Estado. O neoliberal vê as poucas escolas como fábricas de operadores e quer educação para os poucos de que o mercado precisa, oferecida privadamente pelos que usam e podem comprar educação como outro serviço qualquer. O educacionista vê a educação como o oxigênio da sociedade, a garantia da chance igual para todos, por meio da escola pública, gratuita de qualidade.

Além do compromisso revolucionário com a escola igual para todos, o educacionismo tem consciência e compromisso com a formação continuada,

O que é educacionismo 59

levada adiante ao longo de toda a vida. A velocidade com que o conhecimento avança em todas as áreas obriga o profissional a se renovar constantemente e até mesmo a mudar de profissão uma ou mais vez ao longo de sua vida útil. A incapacidade de reciclagem, de autotransformação profissional, é a principal causa de desemprego entre profissionais qualificados, mas desadaptados, superados pelo avanço técnico. Por isso, a qualificação deverá oferecer a capacidade para o profissional ajustar seu conhecimento conforme as necessidades do mercado e o Estado terá de se antecipar aos movimentos que o conhecimento e a economia realizam como um verdadeiro terremoto, em que as camadas tectônicas são feitas de ciência e tecnologia.

É como se a educação fosse um constante surfar sobre as ondas da renovação do conhecimento necessário em cada momento. A formação não é mais definida por diplomação. Se não for renovado permanentemente, o diploma, que servia para mostrar o acervo de conhecimento de um profissional, agora não passa de uma escritura de latifúndio-imaterial improdutivo. Os salários serão decididos conforme a capacidade do profissional, que não deve apenas ser competente, mas ser competente no ramo de que a sociedade está necessitando naquele momento.

O neoliberalismo elimina o papel do Estado e do sindicato na formação do salário; o educacionismo reconhece o papel do sindicato, mas concentra a formação do salário na escola pública e nos programas de qualificação igualmente disponíveis para todos. Os socialistas tradicionais concentram no Estado e no sindicato a luta pelo salário; os educacionistas concentram essa luta na construção da igualdade de acesso à educação. O socialismo tradicional, formado entre as ideias do século XIX, defende que a escola do trabalhador só será boa depois que a revolução social e econômica transferir para o trabalhador o capital do patrão; o educacionismo considera que só haverá chance de salários equivalentes quando a escola do filho do trabalhador for igual à escola do filho do patrão.

O educacionismo não propõe uma revolução que, depois de feita, ofereça descanso aos vitoriosos. Na verdade, oferece apenas as mesmas oportunidades para cada pessoa disputar seu espaço, em condições iguais, para se desenvolver com base no seu talento, persistência e vocação. A revolução educacionista não é para dar ao trabalhador o capital do patrão. É para oferecer a ele e a seus filhos a possibilidade de estudarem em escolas iguais às do filho do patrão.

Educacionismo, alienação e emancipação

A filosofia tem colocado a alienação do homem como o principal entrave à utopia. Para Marx, a alienação vem do trabalho do operário tratado como máquina, não como gente. A escravidão continuava sob uma forma diferente, deixando ao trabalhador o direito de escolher entre ser explorado ou morrer de fome. Essa alienação só seria quebrada com a apropriação do capital pelo proletariado e a implantação do socialismo e do comunismo. Seria, segundo ele, o mundo da liberdade, onde o trabalho seria parte da ação e do prazer de existir, não mais ligado à sobrevivência, mas à própria realização pessoal. Nesse sentido, o socialismo seria o coroamento do avanço técnico e, ao mesmo tempo, uma "volta" sócio-cultural às sociedades primitivas, onde trabalhar, viver, divertir-se eram praticamente a mesma coisa, distribuídos a todos os elementos da tribo, sem alienação.

Na ótica do socialismo, a alienação é vista como a retirada de um bem: o tempo do trabalhador roubado pelo patrão, ao pagar-lhe um salário menor do que o valor do bem que ele produz em seu tempo de trabalho. É uma visão material, que usa o tempo roubado como metáfora do baixo salário pago. A saída era a socialização; os indivíduos perderem seus interesses pessoais, perceberem-se como parte de uma classe, aglutinarem-se no conjunto social e, com as massas no poder, representadas pelo aparelho estatal, fazerem a revolução socialista.

No educacionismo, a alienação vem do impedimento do trabalhador/pobre/excluído desenvolver o potencial intelectual que a natureza lhe oferece ao nascer. O mais grave não é o tempo roubado nem a desapropriação do trabalho durante a jornada laboral. Mais grave é a desapropriação do potencial intelectual abortado desde o dia do seu nascimento, condenando o trabalhador à alienação de seu trabalho e também à terrível transmissão de sua escravidão para seus filhos: a alienação vitalícia pelo analfabetismo, pela falta de um aprendizado de qualidade, pela impossibilidade de lutar por sua desalienação.

O grande roubo do capitalismo não é feito em conta-gotas pela mais-valia com que o trabalhador é explorado, mas em um assalto brutal ao seu potencial patrimônio intelectual, desde seus primeiros anos de vida, impedindo seu pleno desenvolvimento. Para os socialistas, a emancipação era um processo de classes, o proletariado se libertando das amarras e dependências em relação ao capital. Para os educacionistas, a emancipação é individual e decorre da elevação intelectual, moral e espiritual. O papel da sociedade, da política, do Estado é assegurar que cada indivíduo tenha o mesmo direito a se desenvolver, graças à oferta e ao acesso universais à educação com a mesma qualidade. A emancipação e a liberdade virão de uma educação radical na qualidade e radicalmente igual para todos os seres humanos, sem exceção, com liberdade.

O socialismo contesta a absurda transmissão de propriedade entre gerações, dos pais ricos, que acumularam, para os filhos que recebem. O educacionismo contesta a transmissão da falta de conhecimento que passa de pais pobres para seus filhos impedidos de estudar por ausência de escola pública de qualidade. O desafio para o educacionismo não é quebrar a transmissão de propriedade, mas quebrar a transmissão da exclusão educacional.

Está claro hoje – não apenas pelas experiências do socialismo real, mas também pela análise da condição humana e da convivência e cooperação econômica – que a alienação não desaparecerá como simples resultado da organização social, mas, sobretudo, pela revolução íntima de cada ser humano, por meio de uma educação de qualidade, única forma de reduzir a alienação do ser humano na sociedade moderna, tanto a alienação entre seus semelhantes quanto em relação à natureza.

No educacionismo, a superação da alienação se fará tanto pela possibilidade de aproximar o trabalho das atividades lúdicas, como também pela possibilidade de desenvolver uma educação solidária entre os seres humanos e entre eles e a natureza; e pela possibilidade de integração dos seres humanos entre eles, localmente e por uma imensa rede universal. Obviamente, para um indivíduo, a educação é o caminho necessário, mas não basta; para toda a sociedade, a educação basta, porque ela traz o resto que for necessário.

Diferentemente do fim da alienação pela socialização e integração de todos em uma só classe social, o educacionismo não teme o individualismo intrínseco a qualquer ser vivo, nem mesmo a continuidade de classes diferenciadas por renda ou por propriedade, desde que todos recebam educação igual, permitindo mobilidade, diálogo universal e um entendimento capaz de dar valor à natureza e de construir o sentimento de que, sem deixar de ser única, cada pessoa é parte de um todo: a humanidade. No lugar da socialização, a saída está na educação, como propõe André Gorz, em *Misérias do presente e riqueza do possível*.

O educacionismo é uma utopia para as próximas décadas, a utopia final, que pretende integrar os seres humanos em uma imensa rede conectada por todos. Todos integrados.

EDUCACIONISMO, IGUALDADE E LIBERDADE
VI

Em 1848, Alexis de Tocqueville, num discurso na Assembleia Nacional da França, denunciou que nos dias seguintes à revolução que proclamou a Segunda República, o programa socialista de Louis Blanc, procurando assegurar igualdade, poderia levar a uma nova forma de servidão. Ele dizia que a democracia e o socialismo defendiam a igualdade, mas a primeira queria a igualdade na liberdade, enquanto o segundo a queria no constrangimento da liberdade.

Cento e cinquenta anos depois, percebe-se que o capitalismo aumentou a desigualdade e o socialismo reduziu a liberdade: igualdade não é sinônimo de justiça, como liberdade não é sinônimo de democracia. A utopia está na busca da combinação dos objetivos de igualdade, liberdade, justiça e democracia com a conquista da eficiência técnica. O caminho para isso é a revolução educacionista.

A igualdade com liberdade só pode ser construída por meio da igualdade na educação, da mesma forma que a liberdade não pode ser construída sem a igualdade no acesso à educação. A liberdade com desigualdade no acesso à educação é uma falsa liberdade, a igualdade sem respeito ao talento e à dedicação de cada um é uma falsa igualdade, uma igualdade injusta. A combinação de liberdade, igualdade e justiça só pode ser conseguida pela revolução que assegure igual acesso à educação, dentro da democracia.

Marx dizia que, no comunismo, o trabalhador teria liberdade para fazer uma coisa hoje e outra amanhã, caçador pela manhã, pescador à tarde, pastor ao cair da noite, sem jamais se tornar pescador ou pastor. Na realidade, modernamente, nunca o trabalhador foi tão submetido ao trabalho definido pelo Estado e obrigado a trabalhar tanto quanto sob os regimes do *socialismo real**. É certo que Marx talvez não reconhecesse aqueles regimes como o sonho sobre o qual escreveu. De qualquer forma, a base teórica que ele formulou não permitiria um regime com

---

* Ver "Pequeno dicionário do educacionismo", p. 153.

a liberdade que ele sonhou. Errou por pelo menos cinco razões que levaram à substituição do sonho de socialismo pela realidade do *capitalismo-de-Estado** a que se chamou de *socialismo-real**.

Primeiro, porque ele considerava cada trabalhador parte de uma massa chamada proletariado. O trabalhador não tinha interesse individual porque essa individualidade decorria da classe, não do seu individualismo. O trabalhador era o produto do proletariado e não o proletariado a soma dos operários. Segundo, porque em seu tempo ainda não havia a sociedade de consumo com suas tentações sobre as pessoas. Bastava ganhar o que era preciso para sobreviver. No pensamento socialista, com o progresso técnico e consequente aumento na produtividade, os trabalhadores, feitos donos do capital e sem ânsia de lucro, reduziriam a jornada. Marx não podia prever que na sociedade de consumo o trabalhador iria buscar horas extras para aumentar o poder de compra e com ele obter o acesso aos novos bens que atualmente enchem as prateleiras do comércio. Terceiro, porque no seu tempo, o trabalhador era mão-de-obra, operário sem necessidade de formação.

---

* Ver "Pequeno dicionário do educacionismo", pp. 141, 153, respectivamente.

Cada um capaz de exercer um ofício com suas mãos. Hoje, o operário está sendo substituído pelo operador, com necessidade de formação educacional. Sem ela, o trabalhador ficará excluído, mesmo em um regime em que o capital seja estatal. Quarto, porque a eficiência da indústria capitalista, ao inventar novas necessidades e ao produzir quantidades crescentes, foi capaz de atender muitas das aspirações e sonhos de consumo de seus empregados, quebrando grande parte da contradição e conflito de classe com os patrões e criando uma classe especial de trabalhadores coniventes com a desigualdade social e com a destruição ecológica. Quinto, Marx não previu que o crescimento da produção encontraria limites no constrangimento ecológico.

Não foram os sistemas socialistas que se afastaram das teorias, dos sonhos e das promessas de Marx, foi a realidade do progresso seguido pela civilização que se afastou das teorias, dos sonhos e promessas, tornando a realidade atual incompatível com as perfeitas bases teóricas de Marx para o passado.

Além disso, nada pode ser mais correto do ponto de vista civilizatório do que o sonho de uma sociedade utópica, em que o trabalho seja para todos e cada indivíduo se realize plenamente. O que deve mudar, em relação a Marx, é que a base desse sonho não está na estatização do capital, mas na distribuição do conhecimento. Se todos dispuserem de conhecimento de qualidade, o capital, mesmo privado, terá de se adaptar à nova organização do trabalho, como já acontece para diversos trabalhadores em países capitalistas.

Esse aparente conservadorismo combina, ao mesmo tempo, a igualdade de acesso à *plataforma educacional**, que permite o desenvolvimento individual, com a liberdade de cada um para desenvolver seu potencial graças ao talento e à dedicação. Diferentemente da visão economicista, onde a plataforma do progresso social e individual era o crescimento econômico, no educacionismo a plataforma é a educação. Ela que permite a promoção, tanto de cada indivíduo quanto do conjunto da sociedade.

O educacionismo respeita o direito à desigualdade na renda e no consumo, limitando essa desigualdade acima da exclusão social e abaixo da degradação ecológica. A generosidade organizada pelo Estado deve atender com o mínimo necessário àqueles que se situam abaixo da linha da pobreza, porque o talento ou as opções não lhes permitiram dispor do essencial para a vida. E para não permitir a

---

* Ver "Pequeno dicionário do educacionismo", p. 152.

destruição do meio ambiente, o Estado deve dispor de regras que impeçam o consumo acima da linha ecológica, qualquer que seja o potencial econômico da riqueza.

Por meio de uma *renda mínima cidadã**, combinada com serviços essenciais públicos, a sociedade não aceitaria a exclusão social e, por meio de regras de proteção ao meio ambiente, não permitiria que o consumo supérfluo de qualquer pessoa ameaçasse o equilíbrio ecológico. A desigualdade será tolerada entre duas linhas: no nível inferior, a linha da exclusão social; no nível superior, a linha do equilíbrio ecológico. O limite inferior da necessidade social e o superior da possibilidade ecológica definem as *margens da desigualdade tolerável**.

A atual realidade social e política já apresenta embriões dessas margens; no limite inferior, a bolsa família e o sistema único de saúde; no limite superior, a proibição de caça e pesca predadoras e do uso de automóvel nos centros de cidades.

---

* Ver "Pequeno dicionário do educacionismo", p. 149.

O que é educacionismo

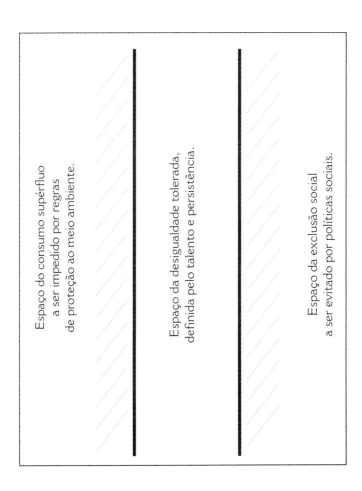

Espaço do consumo supérfluo a ser impedido por regras de proteção ao meio ambiente.

Espaço da desigualdade tolerada, definida pelo talento e persistência.

Espaço da exclusão social a ser evitado por políticas sociais.

EDUCACIONISMO E REVOLUÇÃO INDUSTRIAL

As ideias de Marx para explicar e propor mudanças no mundo-social têm uma relação direta com as invenções do mundo-da-ciência-e-da-tecnologia de seu tempo. As formulações do *Manifesto comunista* (1848) e de *O capital* (1867) refletem a nova realidade da energia a vapor (James Watts – 1764), da automação na indústria têxtil (Joseph Marie Jacquard – 1801) e da velocidade das ferrovias (Richard Trevithick – 1825). A máquina a vapor, o tear mecânico e o trem formam o tripé que dá a base para o pensamento social da civilização industrial, tanto no capitalismo quanto no socialismo. Foi a capacidade desses inventores que permitiu o salto produtivo do capitalismo e os consequentes sonhos utópicos socialistas.

Quando tomava conhecimento das invenções de seu tempo, como o telégrafo, por exemplo, Marx percebia um novo mundo nascendo, analisava-o, considerava seus impactos não apenas físicos, mas na própria estrutura social. Assim, prognosticava mudanças sociais para o futuro. Todas elas obviamente positivas, porque reduziam as necessidades.

Não demorou que as invenções capazes de aumentar o poder energético e a automação dentro das fábricas se orientassem para a invenção de novos produtos, tais como telefone (1872), o gramofone (1877), a luz elétrica (1878), graças a Graham Bell, Thomas Alva Edison e os demais inventores que criaram os produtos da sociedade de consumo iniciada no começo do século XX.

Mas os marxistas não foram capazes de fazer, ao longo do século XX, o que Marx fez no século XIX. Mantiveram para a nova sociedade de consumo as mesmas lógicas e premissas próprias da sociedade industrial da produção. Não perceberam que estava ocorrendo uma revolução maior do que uma simples evolução, o avanço técnico saindo de redutor de necessidade para criador de necessidade. Os economistas capitalistas, Keynes e Galbraith, entre outros, foram mais capazes do que os teóricos socialistas no entendimento da nova realidade do consumismo nos países ricos e ainda ajudaram uma geração inteira de economistas que se dedicaram a criar a teoria do desenvolvimentismo para os países pobres.

Cem anos depois, essas invenções deram novo salto com a revolução industrial da informática, da robótica, da computação, do conhecimento ecológico, da biotecnologia etc.

O sentimento da inquietação com as novas invenções do começo do século XXI deve estimular o pensador do mundo de hoje. Com a diferença que, até recentemente, as projeções induziam ao otimismo: o avanço técnico reduzia o tempo de trabalho necessário para atender as necessidades humanas, os recursos naturais eram tão abundantes que o risco de escassez nem ao menos era percebido, a desigualdade tendia a diminuir quase naturalmente pela simples abundância criada pelo crescimento econômico. Em vez disso, o mundo está diante de necessidades que crescem mais rapidamente do que sua saciedade, da ameaça concreta da escassez de recursos naturais e até mesmo da destruição do meio ambiente, com o crescimento da desigualdade e o planeta não resistindo à marcha insensata da civilização industrial.

Se Marx é filho de Watts e se Keynes e Galbraith são filhos de Edison e Bell, o conhecimento social ainda não conseguiu interpretar todo o conjunto de inventores do final do século XX e começo do XXI, simbolizados em Bill Gates e Steve Jobs. O educacionismo poderá vir a ser a nova proposta.

O educacionismo propõe-se a ser a ideologia da atual revolução científica e tecnológica. Diante dos limites do progresso, dos êxitos técnico-científicos e da tragédia ecológica, é um conceito de utopia que desenha a sociedade humana como ela precisa e pode ser em direção ao futuro, combinada com as heranças políticas e existenciais do passado humanista.

EDUCACIONISMO, UTOPIA E RIQUEZA

Os sonhos utópicos nasceram quando o ser humano ainda não tinha condições de realizá-los. Os *utopistas antigos**, como Platão (IV a.C.), Morus (1516), Patrizi (1553), Campanella (1602), Francis Bacon (1627), Ellis (1820) e Corbet (1840), escreveram livros de literatura, ficções não-prospectivas. Eram sonhos, não promessas.

A utopia moderna, como promessa e até como prospectiva, nasceu com a proposta do atendimento pleno das necessidades materiais, na época em que se produzia basicamente para atender a demanda pelo essencial, sendo o supérfluo uma rara exceção de

---

* Ver "Pequeno dicionário do educacionismo", p. 155.

aristocratas. Um exemplo dessas utopias é o livro de Edward Bellamy, *Daqui a cem anos – revendo o futuro*, publicado no final do século XIX, no qual o autor imagina o mundo no ano 2000 como uma tendência para onde caminharia a humanidade. O centro da vida utópica era a abundância que permitiria a plena saciedade dos desejos materiais e, em consequência, a inevitável igualdade: uma visão socialista. Porque o socialismo defendeu a igualdade no acesso à renda e à riqueza, sem mudar o conceito originado no capitalismo, de riqueza baseada no produto e na renda.

Quando ainda não havia a sociedade de consumo, o socialismo defendia a socialização dos meios de produção que permitiriam o acesso de todos ao emprego, ao salário e à consequente igualdade. A *supermodernidade* mostrou que essa proposta é tecnicamente impossível e fez despertar para o fato de que ela é moralmente desnecessária. Não é possível, porque os recursos da Terra não permitem a igualdade pelo topo, nem necessária moralmente, porque a igualdade pela base nega a liberdade, restringe os sonhos e desejos. Além de que não há razão moral para o compromisso de acesso universal ao supérfluo.

A humanidade, que foi capaz de realizar as proezas técnicas das últimas décadas – da ida à Lua ao mapeamento dos genomas, passando pela informática e pelas comunicações – certamente vai poder um dia construir um mundo diferente, onde não haja sofrimento para trabalhadores nem preocupações para patrões – talvez não haja mais trabalhador ou patrão –; onde a economia não dependa do azar, como um jogo, nem da concorrência; onde os objetivos sociais prevaleçam sobre a busca de lucro, o permanente sobre o efêmero, o longo prazo sobre o imediato. Essa possibilidade, no entanto, está muito distante.

Salvo uma catástrofe de dimensões planetárias, que afastaria a humanidade ainda mais da utopia, nada indica que, nas duas ou três próximas décadas, surjam formulações teóricas, condições políticas e crenças éticas que permitam fazer uma revolução na estrutura da economia global capitalista.

Nessa encruzilhada da civilização, a utopia consiste apenas na mudança de rumo da *modernidade-técnica* para a *modernidade-ética*. Nessa perspectiva, o objetivo utópico do educacionismo substitui a igualdade de renda e consumo para todos pela igualdade da *mesma chance* para todos. Essa *mesma chance* decorre da igualdade no acesso à educação (mesma chance entre classes sociais) e na garantia de um desenvolvimento ecologicamente equilibrado (mesma chance entre gerações). Educação e ecologia são as duas pernas da utopia, que tem por objetivo garantir a *mesma chance* para todos. Mas o equilíbrio ecológico é um produto da educação. Por isso, o nome de educacionismo para a base ideológica desta nova utopia, preferivelmente a *educologismo** e *econologia**.

Uma nova utopia requer novo conceito de riqueza. O uso do PIB para medir a riqueza de um país prevalece desde o século XVIII. Essa abordagem considera a educação apenas como um fator para o crescimento econômico, um meio, não um objetivo em si, bastando a educação técnica, para poucos, e com pouca qualificação. No século XXI, o avanço técnico e seu consequente impacto sobre a economia requerem muito mais do que simples treinamento técnico para poucos, exigem uma revolução educacional para todos. Daqui para a frente, o capital é o conhecimento e o conhecimento é capital. Sem ele não haverá crescimento pleno e o crescimento possível não será pleno se não servir para ampliar o patrimônio cultural. Os países que antes eram periféricos porque não tinham acesso ao capital financeiro para investir em máquinas industriais, agora serão periféricos se não forem capazes de agregar valor pela invenção de soluções científicas e tecnológicas.

---

* Ver "Pequeno dicionário do educacionismo", p. 145.

O educacionismo traz um novo conceito básico de riqueza: a quantidade de saber que a humanidade adquire em seu conjunto ou em cada país. Primeiro, porque esse saber é o capital necessário para promover o bem-estar no estilo de vida da humanidade integrada à natureza; segundo, porque o saber passa a ser em si um indicativo de riqueza. Nesse novo conceito, a riqueza nacional considera o PIB e seu consumo parte de uma cesta em que o patrimônio cultural e o patrimônio natural são objetivos fundamentais da ampliação da riqueza. Os bens materiais como parte da cultura e não a cultura como a sobra dos bens materiais.

Na visão do progresso pela economia, mede-se a modernidade e a riqueza pela qualidade das estradas, das hidrelétricas, dos aeroportos, dos *shopping centers* e das lojas e o que elas produzem e quanto produzem, mesmo que esse resultado não traga melhoria na qualidade de vida, destrua recursos naturais e não promova recursos humanos. Um exemplo é o automóvel que, de instrumento facilitador da locomoção, transformou-se em dificultador do transporte e desarticulador do equilíbrio ecológico, mas continua como símbolo de riqueza e progresso, mesmo quando provoca pobreza urbana e perda de qualidade de vida. Isso ocorre porque ele é símbolo da *modernidade-técnica* (o uso de produtos de última geração) e não da *moderni-dade-ética* (de acordo com o resultado conseguido em bem-estar como tempo ganho no transporte).

O educacionismo defende a *modernidade-ética* pela qualidade das escolas, o que elas ensinam e o mundo que elas são capazes de criar, não apenas produzir. Considera fundamental a dinâmica da economia, aumentando a produção, a disponibilidade de infraestrutura com a criação de hidrelétricas e outras fontes energéticas, aeroportos e outros meios de transporte, *shopping centers* e novos sistemas comerciais, mas tudo isso como meio e não como o objetivo do progresso. O novo conceito de riqueza faz uma ponte entre a *supermodernidade* econômica, técnica e científica do século XXI, e o sentimento ético da Grécia antiga, 2 500 anos antes, quando a riqueza de uma pessoa era definida pela sua cultura e não pela quantidade de bens para o consumo, que naquele tempo não ia além do essencial à vida.

No industrialismo, criar e produzir foram usados como sinônimos, do ponto de vista da economia. No educacionismo, essas duas palavras se unem, convivem, mas não se substituem. O produto dos seres humanos aparece não apenas sob a forma de produção decorrente da criatividade, como também de pura e simples criatividade, mesmo sem produção material.

Se o educacionismo é uma utopia para as próximas décadas, é também a base para a utopia final que consiste em formar uma imensa rede conectada por todos os seres humanos. Todos integrados. Todos os seres humanos com acesso aos modernos sistemas de conexão e todos eles capazes de falar com todos os demais, graças à capacidade intelectual de participar do debate, pela formação, pela informação e pela disponibilidade dos equipamentos necessários. Não se trata de ser igual no consumo, nem na renda, mas no direito e uso do acesso à conexão e à integração. O que o comunismo defendia pelo lado material do acesso de cada trabalhador aos bens de consumo conforme suas necessidades, formando uma sociedade universal igualitária em uma economia sem propriedade privada dos meios de produção e sem patrão, o educacionismo defende pelo lado imaterial de uma sociedade universal integrada culturalmente, por pessoas com a mesma base educacional.

Se para Hegel (ver Hughes-Warrington, p. 133) "a história do mundo não é outra coisa senão o progresso da consciência da liberdade", para o educacionismo, a história do mundo *poderá vir a ser* o progresso da liberdade de consciência integrada, participativa, universal.

A humanidade com uma alma, com todos os seres humanos ligados, conectados, solidários, diversos e enriquecendo-se na diversidade. Essa utopia, além de uma dimensão ética e espiritual muito superior à igualdade da renda e do consumo, é a única capaz de atender toda a demanda material e imaterial da humanidade, em equilíbrio com a natureza.

IX
EDUCACIONISMO E VALOR

Desde os *clássicos**, o valor das coisas é explicado pela quantidade de trabalho humano que elas contêm. Esse é um princípio não apenas da ideologia socialista, mas de todo o sentimento do humanismo. A visão metafísica do valor intrínseco às coisas, formada pelo pensamento escolástico de São Tomás de Aquino, não considerou o valor resultado do trabalho humano, elemento central do processo como a natureza – as pedras, plantas e animais – se transforma nos produtos dos seres humanos e de sua civilização. Por isso, foi incapaz de explicar a formação do valor de maneira humanista. Prevalecia a visão metafísica

---
* Ver "Pequeno dicionário do educacionismo", p. 141.

de que cada coisa tem um valor-em-si, independentemente das relações sociais que a produziam.

Uma ideia que não valoriza o papel humano como o elemento gerador de todo valor, um pensamento sem humanismo. Mas o valor de mercado dos economistas modernos, formado pelo subjetivismo do comprador e do vendedor no momento da mudança de dono do produto, também não explica o valor adquirido pelas coisas ao serem feitas durante o processo de transformação da natureza. No máximo, constata seu preço no mercado. A explicação clássica da teoria do valor com base na quantidade de trabalho necessário à produção é criação do humanismo, da valorização do homem: surgiu graças ao gênio de Adam Smith, foi reelaborada por David Ricardo, chegou à perfeição com Marx, mas ficou como uma explicação insuficiente para os tempos atuais. Numa economia em que o trabalho do homem é cada vez menos necessário no processo direto de produção, porque realizado por máquinas inteligentes, a teoria baseada na quantidade de horas de trabalho não consegue explicar como é formado o valor das coisas. E neste momento histórico em que o meio ambiente está ameaçado, é insensato não incorporar o valor da natureza na formação do valor dos produtos.

No mundo de hoje, o valor de um produto tem pouco a ver com a quantidade de matéria-prima e de trabalho manual diretamente usados. A eficiência e a miniaturização reduziram a quantidade de trabalho e de matéria-prima na produção de cada bem individualmente. Mas o valor tem muito a ver com a natureza em seu conjunto e com a quantidade de ciência e de tecnologia embutidas no trabalho intelectual utilizado.

O custo em matéria-prima que forma o valor surge da totalidade da produção, da quantidade da natureza depredada durante o processo de produção, tanto pela escassez crescente dos recursos naturais quanto pela degradação do meio ambiente, devido ao uso da matéria-prima ao ser transformada e do produto ao ser consumido. O petróleo é um bom exemplo: o valor de um produto que usa petróleo em sua produção (como matéria-prima ou fonte energética) tem de considerar em seu valor a perspectiva de esgotamento das reservas no médio ou longo prazo e também os efeitos da queima do petróleo sobre o meio ambiente durante a produção e o consumo do produto. O preço da matéria-prima não reflete seu custo ecológico, pela escassez e pela degradação ambiental, porque ele é formado com a miopia do curto prazo e não reflete o valor pleno e de longo prazo.

Por outro lado, os modernos produtos da sociedade de consumo são fabricados por robôs, sem necessidade de grande quantidade de trabalho material direto. Marcio Pochmann (*Folha de S. Paulo*, 21/03/08) cita que em 1950, para cada R$ 10,00 (dez reais) de riqueza gerada no mundo, R$ 4,00 (quatro reais) provinham de trabalho imaterial baseado na atividade intelectual que vem da educação; em 2006, de cada R$ 10,00 (dez reais) da riqueza gerada, apenas R$ 1,00 (um real) vinha de trabalho manual e R$ 9,00 (nove reais) do chamado trabalho imaterial. O mesmo fenômeno ocorre na ocupação: em 1950, a cada quatro trabalhadores ocupados, três realizavam atividades manuais; em 2006, a média mundial é de um para um, um trabalhador manual para cada trabalhador em atividade imaterial e, nas economias avançadas, para cada três trabalhadores ocupados, apenas um exerce atividade manual, dois exercem atividades chamadas imateriais, que exigem formação e qualificação. Os operários foram substituídos por operadores. A riqueza que vinha das mãos está sendo agora produzida por dedos, a mão-de-obra sendo substituída pela *população digital**, exigindo mais qualidade e quantidade de energia intelectual disponível na sociedade.

---

* Ver "Pequeno dicionário do educacionismo", p. 152.

Na economia da *supermodernidade* atual, o valor do produto vem, sobretudo, da quantidade e da qualidade de trabalho envolvido na concepção e desenvolvimento do seu projeto, seja na sua invenção ou da máquina que o faz. Os preços não traduzem a pequena quantidade de trabalho material ligado diretamente à produção.

O valor do computador não decorre da quantidade de plástico nem de mão-de-obra para montá-lo, mas do valor da ciência e da tecnologia que o criou, um trabalho abstrato, fruto de uma educação de qualidade. O custo de um livro não decorre da quantidade de mão-de-obra cada vez menos necessária nas gráficas modernas, mas do impacto de sua produção sobre as florestas do mundo e do valor do trabalho científico e tecnológico em sua produção, inclusive no desenho dos equipamentos gráficos. Com a leitura digital, o impacto sobre as florestas diminuirá e aumentará ainda mais o papel do trabalho intelectual no desenvolvimento dos chamados *e-books**.

Isso é ainda mais verdade se consideramos o *software* utilizado. Ele quase nada tem de matéria-prima e sua produção final é feita por uma simples gravação automática, praticamente sem custo adicional.

---

* Ver "Pequeno dicionário do educacionismo", p. 144.

O principal produto de exportação brasileiro, do ponto de vista de sintonia com o progresso, são os aviões da Embraer. Produto, sobretudo, de uma escola, o Instituto Tecnológico da Aeronáutica (ITA). Criado há cinquenta anos, o ITA deu sustentação para a indústria, muito mais do que todo o capital financeiro investido na sua implantação.

Diferentemente do passado, a transformação das pedras, plantas e animais no seres humanos, seus produtos e sua civilização decorre agora, principalmente, do fluxo de ideias que criam esses produtos, organizam e fazem possível sua produção.

O educacionismo oferece uma nova visão para a teoria do valor. O valor de um produto vem da quantidade de conhecimento envolvido no seu desenvolvimento. O valor das coisas equivale à soma das horas, meses e anos no processo educacional, incluindo o desenvolvimento científico e tecnológico necessário à sua concepção e fabricação, ao seu desenho, ao projeto de suas partes, à sua montagem e à qualificação dos operadores que as fabricarão.

Até mesmo o valor da água engarrafada que caracteriza a supermodernidade tem menos relação com o trabalho manual de retirá-la da fonte, transportá-la, engarrafá-la, do que com o conteúdo intelectual na engenharia dos equipamentos e processos, na logística do transporte, no *design* de sua garrafa, na publicidade para fazê-la ser escolhida no meio de tantas outras marcas. Tudo isso é produto direto da educação. Além do valor advindo do trabalho imaterial diretamente na produção, outra parte do valor vem da criação intelectual da marca, da forma, do desenho e da publicidade. O produto em si tem cada vez menos valor próprio e cada vez mais valor simbólico, criado "artificialmente" pelo trabalho imaterial de publicitários e vendedores. Por isso, para o educacionismo, educação é a fonte do valor das coisas.

No primeiro momento de invenção do novo, essa educação não é necessariamente formal. Bill Gates e Steve Jobs, como Edison e Bell, não precisaram de curso superior. Mas, para tanto, precisavam de uma boa educação de base. Vale dizer, de uma boa educação. Eles se educaram para o novo que ainda não existia. A partir, porém, do salto de criação de um novo paradigma, o desenvolvimento de seus produtos vai cada vez mais ser criado por profissionais com experiência e formação adquiridas em cursos de ensino superior em universidades ou em *pós-universidades**.

---

* Ver "Pequeno dicionário do educacionismo", p. 152.

Essa é uma posição que põe de cabeça para baixo a teoria clássica do valor, inclusive a de Marx e, ao fazer isto, põe uma nova teoria do valor de cabeça para cima.

EDUCACIONISMO E REVOLUÇÃO

Nas ideologias da civilização industrial, a revolução se fazia pelo avanço técnico e pela propriedade dos meios de produção. No educacionismo, a revolução consiste na distribuição radical do acesso ao conhecimento com a garantia de que as escolas estarão acessíveis a todos, sem exceção, e serão da máxima qualidade em todas, sem desigualdade. Para o educacionista, o lema revolucionário consiste em garantir escola igual para toda criança, sem diferença por causa da renda da família ou da cidade onde ela vive. No lugar do *slogan* socialista de *estatizar o capital do patrão para servir aos trabalhadores, por meio do Estado*, o *slogan* é garantir ao *filho do trabalhador o*

acesso à mesma educação do filho do patrão, por meio da Escola Pública. A revolução não está na estatização do capital representado pelos meios de produção, mas na distribuição do conhecimento, esse novo capital, garantindo-se o acesso igualitário aos meios de ensino. Na essência do educacionismo está o raciocínio de que a escola do filho do pobre trabalhador necessita ser igual à escola do filho do rico patrão.

A revolução educacionista consiste em tomar as medidas necessárias para que todas as crianças estejam, desde os quatro até os dezoito anos, em escolas com horário integral, com professores muito bem remunerados, preparados e dedicados, em espaços confortáveis e com os mais modernos equipamentos pedagógicos disponíveis, utilizando-se de métodos e conteúdos libertários. Além disso, pretende que tenham recebido na primeira infância, pré-escolar, o apoio necessário para seu pleno desenvolvimento físico e intelectual.

A revolução educacionista não é apenas a única possível no mundo da *supermodernidade*, como também é mais radical do que as mudanças na economia. Além de inviável na realidade global de hoje, bem como tendo se mostrado equivocado no passado, a estatização dos meios de produção não beneficiaria a população em geral. Primeiro, não seria possível o pleno emprego de qualidade para os desempregados sem qualificação. Portanto, não beneficiaria os excluídos. Segundo, porque os trabalhadores já empregados não iriam aceitar reduzir seus benefícios atuais para distribuí-los às massas excluídas. Além disso, a demanda pelos bens da *supermodernidade* exige concentração da renda para permitir a compra dos bens caros e de luxo. Uma distribuição da renda substancial e decente teria um impacto negativo sobre a venda dos produtos caros que servem de motor da economia e provocaria desemprego sobre os trabalhadores incluídos no setor moderno para produzir esses bens caros.

Ainda que fosse possível e tentada, a estatização criaria uma nova casta de privilegiados, como aconteceu no Brasil e nos países socialistas. Essas castas terminaram educando melhor seus filhos em escolas especiais do que os filhos do povo em suas escolas públicas. No Brasil, nem os trabalhadores qualificados, com bons salários, nem mesmo os políticos eleitos colocam seus filhos na escola onde estudam os filhos do povo.

Só a radicalidade revolucionária da escola igual para todos é capaz de levar adiante a igualdade de oportunidades, quebrando os privilégios de classe e substituindo-os por direitos conquistados pelo talento e pelo esforço.

EDUCACIONISMO E IMPERIALISMO XI

O clássico livro de Eduardo Galeano *As veias abertas da América Latina* é um exemplo do desvio economicista, ao concentrar a exploração do imperialismo no roubo dos recursos econômicos do continente, no lugar de ver o imperialismo negando o desenvolvimento intelectual das massas latino-americanas. Na verdade, o principal problema criado pelo colonialismo não foi abrir as veias do continente, mas tapar o cérebro de sua população.

O imperialismo mais visível esteve caracterizado pelo saqueio de recursos naturais por causa dos baixos preços das matérias-primas, ao longo de cinco séculos, pelas perdas financeiras ao longo das décadas da dívida externa, pela degradação ambiental imposta aos países pobres, pela remessa de lucros conseguidos graças aos baixos salários da mão-de-obra nos países periféricos. Por trás dessa forma de imperialismo material existia, desde o início, o imperialismo invisível, imaterial, da negação do avanço educacional e, em consequência, do desenvolvimento científico e tecnológico nos países pobres.

O Brasil é um exemplo desse imperialismo intelectual. Até 1808, com a vinda da corte portuguesa, a metrópole dificultava qualquer curso, proibia o ensino superior e a publicação de livros na colônia. Mesmo depois da abertura dos portos e da modernização induzida pela presença da corte portuguesa, raros cursos superiores isolados foram criados e a educação básica continuou relegada a segundo plano. Depois da independência, o imperialismo continuou promovido pela própria elite nacional, ao manter as massas excluídas da educação. Ao longo de toda a história, ficamos à margem do progresso científico e tecnológico.

A primeira universidade consistiu em reunir os poucos cursos superiores existentes e só foi criada em 1922 (excetuando-se a experiência de uma universidade do Paraná) para poder oferecer o título de Doutor *Honoris-causa* ao Rei Alberto I da Bélgica, em visita ao Brasil.

O que é educacionismo

A partir dos anos 1960, o florescimento de universidades ocorreu dependente dos países ricos, com bolsas de estudos especialmente nas áreas das humanas, para copiar aqui o pensamento social dos países desenvolvidos, sem qualquer reforma radical que oferecesse educação de base com qualidade para toda a população. Até hoje, em pleno século XXI, o Brasil continua vítima do colonialismo cultural e educacional em uma aliança imperialista formada entre as elites local e internacional.

Aprendia-se a explicar o processo social conforme as teorias formuladas para os países desenvolvidos e não se investia no desenvolvimento científico e tecnológico, cujos desenhos, plantas, fórmulas, patentes, projetos eram importados diretamente das matrizes. O imperialismo consistiu em priorizar as ciências humanas como método para repetir o entendimento do que era desenvolvido no exterior e continuar comprando diretamente e imitando o conhecimento científico e tecnológico.

Se essa dependência ocorreu na formação da consciência passiva, imitação do pensamento dos países capitalistas, ocorreu ainda mais na consciência crítica da esquerda imitando o pensamento marxista. A dependência ao imperialismo intelectual se fez de forma ainda mais submissa entre os intelectuais de esquerda, com exceção de alguns bolsões alternativos, como a Cepal, incluindo o pensamento de Celso Furtado. Com certo grau de autonomia, mas sempre presos à primazia da economia sobre a educação.

Ao abandonar a educação das massas, o sistema educacional de base exclui a imensa maioria da população da possibilidade de desenvolver atividades intelectuais, como se poços de inteligência fossem tapados, deliberadamente, pela ausência de uma revolução educacional. Os próprios progressistas e esquerdistas, concentrados nas *veias abertas*, que os afetam, ignoram os *cérebros tapados* que excluem as massas pobres e empobrecem o conhecimento, o desenvolvimento da ciência e da tecnologia no Brasil.

Nos tempos de hoje, essa brecha educacional se faz ainda mais determinante do processo de exploração imperialista. No momento em que o principal vetor de progresso é o capital-conhecimento, os países são colonizados sobretudo pelo atraso educacional. Apesar dos investimentos e do salto em relação ao desenvolvimento econômico do passado recente, o Brasil ficará para trás porque o seu avanço na formação de capital-conhecimento é mais lento do que no resto do mundo, devido à baixa tradição intelectual, aos esforços menores nos campos científicos, mas, principalmente, ao desprezo histórico da

O que é educacionismo

educação de base das massas. Esse quadro impede o desenvolvimento do potencial intelectual da população excluída e desincentiva os que recebem educação, por falta de estímulo concorrencial.

Para o educacionismo, o grito anti-imperialista ocorre considerando que ele se dá sobretudo pelas elites locais sobre as massas e que é provocado especialmente pela brecha educacional, ao negar escola de qualidade para toda a população. O imperialismo está na desigualdade como a educação é ofertada, conforme a renda da família. Essa é a causa do imperialismo na visão educacionista: não as causas econômicas, mas a desigualdade educacional. A independência virá da revolução na educação.

Um exemplo da correção desse pensamento é a percepção de como países como Austrália e mesmo os EUA conseguiram livrar-se do império britânico graças ao esforço educacional que fizeram desde o início de suas dependências coloniais e, mormente, depois de suas independências.

Educacionismo e meio ambiente

A continuar no atual rumo, não demorará muitas décadas para o projeto civilizatório sofrer a mais séria de todas as catástrofes já enfrentadas. Até aqui, as crises civilizatórias eram locais e de curto prazo, afetavam países ou grupos de países, quase sempre apenas por motivos econômicos e sociais. Mesmo as crises ecológicas eram limitadas a áreas, como na América Central Maia, na Ilha de Páscoa ou até na Ucrânia ao redor de Chernobyl. Pela primeira vez, enfrenta-se uma crise global, de toda a civilização, em todo o planeta e por um longo prazo histórico, talvez mesmo um prazo geológico. Só os efeitos do meteoro que caiu no Golfo do México, muitos milhões de anos antes da mutação que formou o *homo*

sapiens, podem se igualar às consequências do risco do aquecimento global.

Durante décadas, desde 1972, quando o *Clube de Roma** divulgou seu relatório alertando para os limites ao crescimento, a visão industrialista esnobou os riscos ecológicos. Os capitalistas diziam que, por meio de mudanças nos preços relativos dos produtos e recursos, o mercado cuidaria de manter o equilíbrio ecológico. Os socialistas eram ainda mais otimistas: em 1982, um conhecido marxista brasileiro recusou um artigo submetido à revista Cebrap, dizendo que a ideia de limites ao crescimento era uma invenção do imperialismo para impedir o crescimento do Terceiro Mundo.

Quando ficou impossível esconder a realidade do desastre ecológico, o industrialismo concentrou-se nos biocombustíveis: enfrentar o aquecimento global, a demanda global, sem desaquecer. Não se considera que não há mais espaço nas ruas para todos os automóveis, nem se fala no impacto ecológico da destruição de florestas nem na disputa entre biocombustíveis e comida. A saída industrialista para a crise ecológica conduz a um desastre, mesmo quando leva em conta a necessidade de produção orien-

---
* Ver "Pequeno dicionário do educacionismo", p. 141.

tada para produtos ecologicamente limpos: porque o problema do meio ambiente não está apenas no lado da produção, em direção a soluções ecologicamente conscientes, mas principalmente no lado do consumo supérfluo que domina a economia. Não adiantará mudar a forma de produzir, mantendo a mesma esquizofrênica ânsia de consumir. O biocombustível é semirrenovável, porque, embora a cana, o milho e outras fontes agrícolas se renovem a cada ano, a terra que vai sendo ocupada não é renovada. A safra de cana é renovável a cada ano, mas a área utilizada para sua produção é um recurso não-renovável. Se não for pela ocupação de terra arável improdutiva no momento, cada hectare a mais para o álcool é um a menos para florestas e produção de alimentos.

É impossível mover toda a atual frota de automóveis (um bilhão de veículos circulando no mundo) livremente pelo mercado sem comprometer áreas tão extensas de terra sacrificando florestas e a produção de alimentos, gerando grandes calamidades sociais e ecológicas. Só a intervenção sobre o mercado, definindo onde a floresta não poderia ser substituída e onde a terra poderia produzir biocombustível, será capaz de manter o equilíbrio entre estômagos humanos e tanques de automóveis.

O problema do meio ambiente não está apenas no uso do combustível fóssil, não-renovável e poluidor, mas no número de carros em circulação. Além do problema ecológico decorrente da energia necessária para movê-los, há o problema da geometria urbana: um dia, não distante, eles ocuparão toda a área disponível nas ruas de muitas cidades e ficarão paralisados por falta de espaço.

Isso vale para todos os demais produtos cuja demanda pressiona o meio ambiente. Mesmo assim, os desenvolvimentistas de hoje, como o marxista de vinte e cinco anos atrás, do Cebrap, negam-se a aceitar o aviso. Para eles, a recente campanha de alerta sobre os riscos do uso extensivo do biodiesel e etanol sem redução da frota de veículos é uma conspiração dos países ricos e das empresas petrolíferas para não permitir o desenvolvimento do Brasil. E não um problema de compatibilizar mercado e regras, liberdade e controles, ética e técnica, o que só é possível com educação.

O verde do desenvolvimento sustentável precisa de duas pernas: no lado da produção e no lado do consumo. O verde apenas do lado dos insumos – energia limpa, reciclagem de resíduos, substituição de materiais – é um verde manco. É preciso reorientar "como" e "com que" se produz, mas, sobretudo, reorientar "o que" e "quanto" se produz.

A única saída possível é pelo educacionismo, atuando em duas direções: a) uma reorientação do projeto civilizatório, do consumo ilimitado e ineficiente de bens materiais para uma sociedade menos viciada em bens supérfluos que, com austeridade e eficiência, oriente-se para bens materiais essenciais e bens culturais imateriais; b) o desenvolvimento de técnicas capazes de reverter alguns dos efeitos ecológicos já visíveis e promover o desenvolvimento sustentável, tanto nas fontes de energia quanto na renovação dos recursos utilizados na produção da economia e na reciclagem dos materiais e produtos usados.

Esses dois vetores passam pela revolução educacional. Só com uma educação universal de qualidade será possível promover ao mesmo tempo novos padrões de consumo e uma nova relação de respeito à natureza, como também ter o maior número possível de pessoas educadas entre aquelas que vão desenvolver novos projetos sociais e técnicos para manter a base natural que assegura a vida e a civilização.

EDUCACIONISMO E APARTAÇÃO
XIII

Na visão tradicional da civilização industrial, a desigualdade social seria resolvida pela economia: no caminho capitalista, o avanço técnico e seus produtos ficariam acessíveis para todos graças ao mercado; no caminho socialista, a máquina do Estado colocaria a economia, a ciência e a tecnologia a serviço do atendimento à demanda da população, impondo a igualdade social no acesso aos bens e serviços. Duas proposições que não resistem à observação da realidade construída no século XX.

A economia não dispõe de recursos naturais e financeiros para atender a todos, a Terra não suporta 6 bilhões de pessoas vivendo e consumindo até os 80 anos de idade, com acesso aos bens e serviços da parte rica da população. Por isso, e não apenas por fatores políticos, a velocidade com que a brecha da desigualdade se amplia é maior do que a velocidade com que a soma dos benefícios da técnica é distribuída. Os limites ecológicos, por si, vão forçar o aumento da desigualdade, exigir exclusão social. Como se houvesse uma *aritmética civilizatória**: uma soma de recursos que vão diminuindo conforme o processo produtivo aumenta elimina uma parte da população como forma de manter o equilíbrio. O espaço terrestre é pequeno para atender à demanda de todos os seres humanos, a migração ao espaço sideral é impossível proximamente. O caminho que está sendo seguido leva à pura e simples exclusão, facilitada pela diferenciação biológica que o avanço técnico já está permitindo.

Nas últimas décadas, o sistema econômico evoluiu no sentido de transformar a desigualdade em *apartação* – o *apartheid* social. Os ricos são protegidos nos condomínios e *shopping centers*, enquanto os pobres são abandonados nas invasões sem água, sem luz, sem emprego, porque não atendem aos requisitos e não cabem no padrão de consumo do neoliberalismo e da *supermodernidade*.

---

* Ver "Pequeno dicionário do educacionismo", p. 139.

Tanto quanto o arianismo desprezava os não-arianos no regime nazista e o regime branco da África do Sul desprezava os negros no regime do *apartheid*, o economicismo despreza os pobres sem formação técnica e sem utilidade produtiva; em consequência, sem poder de compra. Da mesma forma como o stalinismo prendia os que não lhe interessavam no *arquipélago Gulag** espalhado pela Sibéria, o neoliberalismo confina os pobres em um verdadeiro *gulag liberal** espalhado pelo globo. Presos na miséria, mesmo sem grades.

A diferença é que antes não se dispunha da biotecnologia e da engenharia genética para quebrar biologicamente (física e intelectual) a semelhança entre os seres humanos. Por meio do avanço técnico, a humanidade caminha a passos rápidos para transformar a apartação em uma quebra do sentimento de semelhança entre os seres humanos, tanto pelo aumento da brecha social e cultural, como também por uma possível mutação biológica induzida a favor daqueles que podem adquirir os serviços do avanço da biotecnologia, da genética e da medicina. Seria o maior de todos os retrocessos éticos já ocorridos na

---

* Ver "Pequeno dicionário do educacionismo", pp. 140, 146, respectivamente.

história da humanidade. Muito pior do que o nazismo e o *apartheid*, porque não seria perceptível e portanto aceito, como já começa a ser, ao tolerarmos sem nenhum constrangimento as imagens saídas dos campos de concentração da *supermodernidade*, do *Gulag liberal*, onde vive uma imensa parte da população humana. Certamente que os regimes nazista e soviético não teriam sobrevivido tanto tempo se naquela época a barbárie fosse apresentada ao mundo em cadeia internacional de televisão. Como o *apartheid* não resistiu à mídia internacional. Hoje, as cenas da barbaridade da miséria são transmitidas ao vivo diante da total indiferença da parte moderna da sociedade global, porque ela já se sente dessemelhante dos pobres excluídos.

A *cortina de ouro* que hoje divide a sociedade humana em incluídos e excluídos, ricos e pobres, caminha para separá-los em seres dessemelhantes, uma parte humana, outra não. Na *hipermodernidade**, os excluídos deixarão de ser considerados seres humanos. No caso dos nazistas e do regime sul-africano, isso foi consequência de uma posição racista, disfarçada de nacionalismo e interesse econômico; no caso do stalinismo, foi uma posição totalitária

---

* Ver "Pequeno dicionário do educacionismo", p. 147.

O *que é educacionismo*

disfarçada de nacionalismo e interesse social; agora, seria a *dessemelhança*.

Salvo por uma ditadura que provoque a redução autoritária no padrão de consumo das classes médias do mundo, matando a liberdade, só a educação abrirá uma porta por onde todos poderão passar e formar novos valores éticos, mudar o conceito de riqueza e reorientar os sonhos de consumo, aceitando a desigualdade econômica, mas criando uma igualdade radical no acesso à educação e aos bens culturais. O caminho para evitar essa tendência não ocorrerá pelo crescimento econômico, excludente entre classes e entre gerações. A esperança é pela universalização e qualidade igualitária da educação. O educacionismo é a alternativa para salvar o sentimento de semelhança da espécie, impedir a barbárie social já existente da apartação e a barbárie ética em marcha.

EDUCACIONISMO E NAÇÃO
XIV

Quando os feudos e principados da Europa foram aglutinados nas modernas nações que hoje constituem aquele continente, as armas militares e as artimanhas políticas conseguiram definir as fronteiras geográficas nacionais, unificar a bandeira e escolher o hino nacional comum, com idiomas e costumes separados. Foi a escola que transformou fronteiras, bandeiras, hinos e acordos políticos em nações, porque foi nas escolas que as novas gerações adquiriram um idioma comum, aprenderam a história comum, constituíram objetivos comuns, formaram um povo. Não fosse a universalização da educação em nível nacional e seguindo padrões nacionais, a França, a Itália e a Alemanha não teriam se formado como nações, povos aglutinados graças à escola onde seus filhos estudavam.

Os exércitos podem impor unidade, mas não formam uma nação. Na Itália, o papel do exército foi fundamental na fundação da república, mas sua maior contribuição na construção do espírito nacional foi ter ajudado a espalhar a língua italiana como idioma integrador entre os jovens. A economia não é capaz de formar uma nação, porque ela só distribui renda e bens materiais – de forma desigual – e não aglutina um espírito nacional. Mesmo grupos sociais que não estão ligados pelo território podem fazer uma nação, como aconteceu com o povo judeu depois da diáspora, graças ao valor dado à educação.

O Brasil ainda não é uma nação, porque ainda não a construímos na escola. Sem uma escola igual para todos, o Brasil não tem futuro como nação. Em um país tão dividido, manter a educação municipalizada é fazer o percurso contrário dos países europeus. Se não fosse a invenção do rádio e da televisão e suas cadeias nacionais, o idioma português já não seria o mesmo para todos os brasileiros, porque os educados falam um português diferente daqueles sem educação, no vocabulário, na gramática e na sintaxe.

Educacionismo e minorias

A prisão obtusa ao economicismo e à luta de classes fez com que os socialistas deixassem de ver os problemas específicos das minorias. Para a "ciência" marxista, toda dinâmica social deveria ser por uma revolução de classes no espaço da economia. Essa revolução resolveria todos os demais problemas.

A histórica opressão às mulheres era vista como a consequência da exclusão delas do mercado de trabalho; abrindo-se o mercado para elas, desapareceria o machismo. Os preconceitos e as disputas entre religiões eram vistos como resultado do obscurantismo da espiritualidade; com o avanço revolucionário na economia, o materialismo dominaria o imaginário humano, fazendo obsoletas todas as religiões. Os preconceitos contra o homossexualismo foram comuns em todos os estados socialistas, sem justificativas, salvo a de um desvio da média do comportamento da massa.

Com uma arrogância igual à do capitalismo, o socialismo considerou que a diversidade cultural e as especificidades étnicas deveriam ser superadas naturalmente, porque, na visão socialista, a Europa representava um estágio objetivamente superior de desenvolvimento, em direção ao qual todas as demais sociedades caminhavam. Para Marx e todos os marxistas, os modos de produção asiáticos ou qualquer outro deveriam ser superados, sem concessão à manutenção de *status quo* cultural.

O mundo evoluiu na valorização da diversidade. Defende-se a necessidade da luta específica das mulheres, porque o socialismo, mesmo as tratando melhor do que o capitalismo, não conseguiu quebrar a predominância do machismo; defende-se a opção sexual como um direito a ser conseguido por meios diferentes da luta de classes e da revolução na economia, até mesmo porque essas revoluções terminaram sendo mais preconceituosas do que o capitalismo; defende-se a necessidade de respeito à diversidade cultural e étnica, mesmo em um mundo global;

e também se reconhece o direito e até a necessidade da espiritualidade, inclusive religiosa.

A única forma de construir o progresso com respeito aos direitos de cada minoria é uma revolução educacionista capaz de assegurar o conhecimento necessário para fazer a opção e a defesa de direitos iguais a todos: uma educação libertária para todos, respeitando e promovendo a diversidade como indicador de riqueza civilizatória.

EDUCACIONISMO E EDUCAÇÃO

Educador é o profissional que dentro de uma sala usa suas habilidades pedagógicas e interage com alunos, na tarefa de transmitir e criar novos conhecimentos. De acordo com o dicionário *Houaiss*, a palavra *educador* só foi incorporada ao português em 1813. As palavras educacionismo e educacionista ainda não estão como verbetes dos dicionários.

Educacionista pode ser definido como "que é partidário do educacionismo", que, por sua vez, pode ser definido como "a doutrina que põe a educação de qualidade para todos como o vetor da construção da utopia civilizatória, o indicador da riqueza de um povo e o caminho para construir a igualdade de oportunidades".

O educador cria a educação de qualidade dentro da sala de aula, o educacionista luta para que a educação de qualidade chegue a todos. Educacionista é o militante que luta politicamente para que os educadores disponham dos recursos necessários para que todos tenham acesso à educação com a máxima qualidade.

O educacionista vê a universalização da educação em todas as suas fases, desde a matrícula, mas também considera a assistência, a frequência, a permanência, a conclusão, o aproveitamento, o aprendizado e a continuidade. O objetivo é a universalização de qualidade equivalente para todos, todo o tempo e sempre aprendendo.

Para isso, a educação terá de estar sintonizada com os valores do futuro, fazendo avançar o conhecimento que permite desenvolver em cada pessoa as seguintes capacidades: I) deslumbrar-se diante das belezas e das verdades que o mundo oferece pelas artes, literatura, filosofia, aventura, turismo e outras formas de lazer criativo; II) indignar-se diante do mundo atual cheio de contradições, injustiças e ineficiências, especialmente a desigualdade social e a depredação ambiental; III) entender a lógica de como funciona a realidade física e social do mundo, a lógica das coisas no mundo físico e a lógica do mundo social, como as pedras, as plantas e os animais se transformam nos seres humanos e seus produtos; IV) organizar-se para usar a indignação como forma de rebelar-se e lutar para mudar a realidade; V) graças à sua formação, integrar-se no processo produtivo, como agente transformador pelo trabalho, e obter o reconhecimento público graças à sua produção; VI) reciclar-se permanentemente, sem preconceitos e sobretudo sabendo como ajustar seu conhecimento às novas ofertas de deslumbramento e às novas necessidades de trabalho e lutas do mundo; VII) construir, divulgar e consolidar uma nova ética de respeito à natureza e de solidariedade entre todos os seres humanos; VIII) perceber o valor e sentir compromisso com a guarda dos patrimônios herdados, naturais ou artificiais, materiais ou imateriais, e com a ampliação desses patrimônios para as gerações futuras; IX) buscar exercer sua própria liberdade e lutar para que todos tenham direito ao exercício da liberdade; X) integrar-se não apenas aos que vivem ao seu redor, mas também a todos os cidadãos do mundo, em um processo de globalização que vá além da economia, integre os seres humanos em uma imensa conexão universal, para o que será fundamental conhecer idiomas e técnicas de informática, mas também os produtos da cultura universal.

Da mesma forma que no desenvolvimento econômico o economista, o engenheiro e o operário são os principais agentes, no educacionismo o centro é toda a população vivendo um processo de formação permanente, da qual o professor e o aluno são os principais agentes. Claro que eles não poderão funcionar sem as demais profissões, que constroem as bases materiais e intelectuais do processo educativo.

Educacionismo, Escola Pública, Federalização e Mundialização

Prisioneiro da lógica da economia e da propriedade, o socialismo considera *escola pública* sinônimo de *escola estatal*. A característica pública viria da propriedade estatal dos equipamentos e do tratamento dos professores e servidores como funcionários públicos, enquanto a escola privada seria definida por ter seus equipamentos com donos particulares que seriam também os patrões dos professores e servidores.

O educacionismo põe o conceito de escola pública conforme a qualidade do ensino e a quem a formação serve. A escola é pública quando oferece um ensino de qualidade acessível a todos, independentemente da renda da família e do local onde vive o aluno. Quando os professores não são preparados e dedicados e os alunos não aprendem, a escola não é pública, mesmo que seja estatal e gratuita. Por isso, salvo poucas exceções, de escolas federais, não há escola pública no Brasil: existem escolas pertencentes aos estados e municípios, mas sem a qualidade necessária para serem consideradas públicas. Grande parte delas são restaurantes-mirins populares: as crianças só as frequentam até a hora da merenda.

Obviamente, uma escola com qualidade, em que os alunos são selecionados, direta ou indiretamente, conforme a renda da família, também não é pública. Mas uma escola mantida por um particular, pessoa ou empresa, onde o ensino é de qualidade e os alunos são escolhidos no público, sem importar a renda dos pais, liberados de pagar mensalidades, é uma escola pública. Além de públicas, por serem gratuitas para alunos escolhidos publicamente, as escolas mantidas pela Fundação Bradesco são federais, porque oferecem o mesmo padrão de qualidade, de equipamentos, de formação, dedicação e remuneração dos professores e servidores, em todas as suas unidades em qualquer parte do território brasileiro.

Também podem ser consideradas escolas públicas aquelas financiadas com recursos do Estado, que asseguram a gratuidade e são administradas por pais, professores ou entidades paraestatais, como é o caso do Colégio do Sesc, em Jacarepaguá, Rio de Janeiro. Embora administrada privadamente pelas regras do Sesc, com recursos de origem estatal, ela é pública, porque oferece uma qualidade compatível às melhores escolas dos mais avançados países do mundo.

No caso do Brasil, a busca da educação de qualidade para todos exige tratar o sistema educacional como um compromisso nacional. A execução da revolução pela educação jamais será feita se deixada sob a responsabilidade de municípios e estados, pobres e desiguais entre eles. Por isso, o educacionismo defende a federalização da educação de base como a única forma de construir uma qualidade homogênea, padronizando nacionalmente a carreira do professor, seu salário, sua formação, sua seleção, a qualidade dos equipamentos pedagógicos e o conteúdo mínimo básico em cada série. Ao mesmo tempo, definindo uma Lei de Metas Educacionais, a serem cumpridas anualmente por cada ente federativo, e uma Lei de Responsabilidade Educacional, a ser cumprida por cada dirigente público. Isso não pode, entretanto, significar centralização gerencial nem uma ditadura de métodos pedagógicos. O Sistema Nacional de Educação Básica deve ser responsabilidade federal com descentralização gerencial e liberdade pedagógica. As classes médias e altas entenderam isso e conseguiram criar redes de escolas com o mesmo padrão, espalhadas por todo o território brasileiro: são *escolas privadas federais**, de elevado custo, a serviço das minorias privilegiadas.

Se dentro de um país com a desigualdade interna do Brasil a educação deve ser uma responsabilidade federal, no mundo global ela deve ser uma responsabilidade mundial. A partir da Segunda Guerra, o desenvolvimento econômico foi induzido em todo o mundo pelos muitos organismos internacionais voltados para a economia, tais como OMC, FMI, Bird, OIT, Unctad e os diversos bancos regionais de desenvolvimento, como o BID, e as Comissões Regionais, como a Cepal. O resultado foi um êxito nas taxas nacionais de crescimento em quase todos os países, porém raramente com redução na brecha da desigualdade social e com um fracasso social e ecológico.

Após o fracasso da civilização industrial, o mundo do século XXI, para tratar a humanidade como uma família de seres semelhantes, deverá assumir a responsabilidade global pela execução de um imenso programa mundial de educação. Nesse cenário, a Unesco pode ser a agência internacional do futuro educacionista.

---

* Ver "Pequeno dicionário do educacionismo", p. 145.

EDUCACIONISMO, PROFESSOR, FAMÍLIA E MÍDIA

Cada época tem suas profissões mais respeitadas. No Egito antigo, eram os sacerdotes, os guerreiros e os construtores de templos e pirâmides; na Idade Média, eram os príncipes, os guerreiros e os padres; na sociedade moderna, são os engenheiros, os economistas, os empresários; no educacionismo, a principal profissão será dos professores e de todos aqueles envolvidos no processo de formação educacional. É claro que não se faz educação sem médicos, engenheiros, empresários e todas as profissões, mas, diferentemente da modernidade econômica, quando essas profissões eram o centro e o professor um meio, no educacionismo é o professor que representa a principal atividade vinculada ao progresso.

A revolução industrial, colocando o professor como um simples auxiliar secundário do processo civilizatório, abandonou os professores e levou-os à perda da autoestima. O professor se corporativizou, muitos colocaram a defesa de sua sobrevivência antes da educação: são educadores, mas não educacionistas. Como os médicos que atendiam os escravos cuidando deles, mas sem lutar pela abolição.

A revolução educacionista, ao colocar o professor como o vetor central do progresso, vai garantir as condições de trabalho que o professor merece e de que precisa. Em compensação, vai exigir dele formação, dedicação e garantia de resultados. Se a educação é importante, a sociedade e o governo não podem ser tolerantes com os professores despreparados ou que não cumpram com suas funções. Se a educação tem valor, ela e todos seus participantes, inclusive os alunos, famílias, mídia, governos, têm de ser avaliados.

Para construir a utopia educacionista, o professor vai mudar de característica. Diferentemente do professor artesanal – ele e o quadro negro –, daqui para a frente o magistério deverá ser um trabalho coletivo, feito pelo professor da disciplina, navegando no conhecimento disponível nas redes mundiais. Para tanto, precisará ser assessorado por um especialista em programação visual e computação gráfica que dê condições para que ele use todos os recursos pedagógicos audiovisuais que facilitam o ensino e o aprendizado e por um profissional capaz de usar os sistemas de teleinformática para levar o ensino além da sala de aula. No educacionismo, o conhecimento do professor será todo o conhecimento disponível mundialmente nas redes e seus alunos serão todos aqueles com acesso a essas redes, e a sala de aula será todo o país e mesmo todo o globo.

A educação será feita por um conjunto: escola, família e mídia. A mídia faz parte do processo educacional, porque o aluno moderno se relaciona mais com ela do que com a escola e, até mesmo, com a família. E a família é o elemento de orientação dos alunos, de cobrança da escola e mesmo de atenção ao uso da mídia.

A BASE MATERIAL E O PACTO DO EDUCACIONISMO
XIX

A ideologia do educacionismo é filha do fracasso da civilização industrial, mas também do êxito do progresso científico, tecnológico e econômico. Não fosse a base material e o conhecimento disponível, seria impossível sonhar com uma utopia educacionista. Por isso, ao mesmo tempo em que se propõe a reorientar o projeto civilizatório, o educacionista precisa lutar para consolidar a base de cinco pilares sobre os quais caminham a revolução educacional e a revolução da sustentabilidade ecológica.

Crescimento econômico: é forçoso que a sustentabilidade ecológica ocorra sem estagnação econômica, porque sem crescimento faltarão recursos necessários para viabilizar a revolução educacional.

Estabilidade monetária: sem estabilidade monetária, o país não tem a necessária tranquilidade para definir o rumo de médio e longo prazo. E sem essa definição, a revolução educacionista jamais será realizada.

Estabilidade social: embora a revolução venha da educação, a educação não dará o salto necessário sem moradia, saúde, transporte público, água e saneamento. Difícil educar quem não tem endereço fixo, uma casa com qualidade, higiene e luz, nem dispõe de transporte urbano e, sobretudo, saúde.

Estabilidade política: a execução de um projeto educacionista exige um pacto de médio e longo prazo, uma continuidade das regras sem as quais a incerteza e a descontinuidade das políticas interromperão a realização do projeto.

Estabilidade jurídica: da mesma forma que é necessária a estabilidade das regras políticas, também é preciso que as regras jurídicas assegurem continuidade às decisões tomadas.

Enquanto esse processo se desenvolve ao longo de anos e décadas, é preciso que os educacionistas defendam programas emergenciais capazes de enfrentar, de imediato, três graves problemas da sociedade: *pobreza e desemprego*; *corrupção e impunidade*; *violência e insegurança*.

Finalmente, a revolução educacionista precisa de uma classe social de sustentação e um partido de vanguarda que a conduza. Diferentemente da vanguarda comunista e socialista, baseada em classe social – o proletariado – que seria beneficiado pela revolução e liberaria o avanço técnico e as forças produtivas, a classe beneficiada pela revolução educacionista é uma categoria etária, a infância no futuro, e a base política não será representada por um partido, mas por militantes de uma *causa*. Como na luta abolicionista, a revolução educacionista vai exigir um pacto entre pessoas de diferentes siglas partidárias, unindo aqueles que, ao longo de décadas, defendem a *causa da educação*, a *causa educacionista*.

Isto é o *educacionismo*. Você, *educacionista*.

Pequeno dicionário do educacionismo

Apartação. Palavra da língua portuguesa para indicar as características da exclusão social que ocorre no Brasil, nos mesmos moldes do *apartheid*, palavra do africâner, que indica a exclusão racial. A apartação é um passo a mais da desigualdade, caracterizando a exclusão e definindo que não há apenas uma passagem contínua, mas um corte separando ricos e pobres, incluídos e excluídos.

Aritmética civilizatória. Até recentemente, o projeto civilizatório via a Terra como a despensa de recursos e a lixeira dos dejetos da produção. Não havia limite ao crescimento econômico. Além do pequeno poder da técnica para depredar a natureza, havia uma velocidade pela qual novas técnicas substituíam os recursos escassos. A Terra era um espaço aberto. Não havia necessidade de quantificar a perda decorrente da depredação da natureza. Hoje, percebe-se que, a cada ano, o conjunto dos recursos naturais e do hábitat natural vai se reduzindo. Surge a necessidade de uma análise do processo produtivo levando em conta uma aritmética pela qual a soma da depredação diminui o total do patrimônio. A substituição de combustível fóssil por biocombustível mostra essa aritmética na prática. Mesmo que renovável a cada ano, do ponto de vista da matéria--prima, tanto o etano quanto o biodiesel exigem áreas de terra que não são renováveis. Sem uma revolução agrícola que permita utilizar terra não-arável, como o deserto, cada hectare utilizado para biocombustível exige derrubar florestas ou substituir a produção de alimentos. A aritmética civilizatória pode ser observada também nas perdas sociais decorrentes do processo de produção: a crescente frota de automóveis para o transporte privado leva horas de vida sacrificada, angústias nos engarrafamentos e prejuízos econômicos. A aritmética civilizatória mostra o tamanho dessas perdas.

Arquipélago *gulag*. *Gulag* era o acrônimo, em russo, do sistema de administração da rede de campos de concentração e trabalho forçado na antiga URSS. A expressão "arquipélago *gulag*" foi usada pelo escritor Alexander Solzhenitsyn como título de seu livro, de 1978, em que descreve o terror dessa rede.

Barbárie-ético-ecológica. Uma maneira de caracterizar a perda de humanismo intrínseca ao momento atual da supermodernidade e da perspectiva da hipermodernidade: uma civilização que destrói a natureza e agrava a desigualdade entre os seres humanos por meio de uma apartação em escala global que corta cada país por uma cortina de ouro.

Capitalismo de Estado. Expressão usada para indicar sistemas econômicos que eliminam o mercado mas não conseguem implantar o socialismo, com seus objetivos utópicos previstos.

Clássicos. Expressão usada para definir os economistas do período inicial da história do pensamento econômico com pretensão científica, a partir de Adam Smith, no século XVIII, indo até o final do século XIX.

Clube de Roma. Entidade criada nos anos 1960, sediada na cidade de Roma, com o propósito de fazer a prospecção do futuro da humanidade. Em 1972, o Clube de Roma divulgou o relatório elaborado a seu pedido pelo MIT, em que ficaram claros, pela primeira vez com base científica, os limites ao crescimento da economia. O livro *Os limites ao crescimento* deu início à visão neomalthusiana: o pessimismo moderno com base científica sobre o futuro da humanidade.

Cortina de ouro. No dia 5 de março de 1946, em discurso proferido no Westminster College, na cidade de Fulton, nos Estados Unidos, Winston Churchill afirmou que "uma cortina de ferro desceu sobre a Europa". Essa expressão passou a ser empregada para indicar a separação entre o que seria o regime autoritário comunista e o sistema liberal capitalista. Alguns anos depois, o *muro de Berlim* se transformou no símbolo da separação entre o socialismo e o capitalismo, como se fosse a manifestação física da metáfora da cortina de ferro. Com a *queda do muro* e a volta do capitalismo na ex-União Soviética, o conceito de cortina de ferro ficou superado. Com a *apartação*, contudo, instala-se outra separação: entre os *incluídos* e os *excluídos*. Uma *cortina de ouro* desceu sobre o mundo inteiro, separando os que ingressaram na modernidade e suas vantagens e os que ficam fora dela. Não se trata de uma cortina separando países – a *cortina de ouro* atravessa cada país, separando grupos sociais dentro do mesmo espaço nacional, unindo os ricos em um *primeiro mundo internacional* *dos ricos* e separando os pobres, que formam um *arquipélago gulag social*.

Desenvolvimento cético. A perda de crença no desenvolvimento.

Desenvolvimento cínico. A crença de que o desenvolvimento está no seu apogeu, nenhuma mudança de rumo é necessária.

Desenvolvimento ético. O desenvolvimento que busca casar o progresso e o equilíbrio ecológico, com a liberdade individual e o atendimento das necessidades essenciais, abolindo a exclusão.

Desenvolvimento sustentável. Uma das maneiras de definir o novo modelo de desenvolvimento que levaria em conta o meio ambiente, Para alguns, o desenvolvimento sustentável definiria o desenvolvimento capaz de garantir também a sustentação social, eliminando a apartação; a sustentação cultural, respeitando as diversidades e especificidades étnicas; e a sustentação política, garantindo as liberdades individuais e o funcionamento democrático da sociedade.

Dessemelhança. O estágio da desigualdade social em que os seres humanos se sentiriam não apenas desiguais, mas perderiam também o sentimento de semelhança que caracteriza, desde as crenças cristãs, ideias fortalecidas pelo Iluminismo e depois pelas ideias socialistas. De certa forma, seria um retorno à visão escravocrata, quando os donos não se sentiam semelhantes aos escravos, agora, sem nem ao menos a necessidade do trabalho. Ou uma volta ao *apartheid* sul-africano ou ainda ao arianismo nazista, em que as razões sociais e econômicas produziam o preconceito e a quebra da semelhança racial. A desigualdade já provoca um sentimento de indiferença diante do sofrimento dos pobres excluídos, que não seria aceito se o sentimento de semelhança ainda estivesse realmente presente. No atual momento do desenvolvimento científico e tecnológico, é possível perceber uma marcha para que a dessemelhança se transforme, em poucas décadas, em uma diferenciação biológica, não apenas racial, provocada por uma mutação induzida a favor dos que puderem dispor dos serviços da engenharia genética e outras formas de biotecnologia. Ficam para trás os que não puderem ter acesso a esses serviços. Quando isso acontecer, a condição humana será considerada um privilégio limitado apenas a parte dos descendentes daqueles que hoje compõem a humanidade.

E-book. O sistema de leitura que substitui os livros impressos, como vêm sendo feitos desde Gutemberg, por livros digitais, acessíveis nos terminais de computadores.

Econologia. Um neologismo criado a partir das palavras ética, economia e ecologia para indicar o tripé que serviria de base teórica para a nova utopia da modernidade ética.

Educologismo. A combinação de educação e ecologia para indicar a base ideológica para a busca da mesma chance para todos: entre classes, graças à educação igualitária; entre gerações por meio do desenvolvimento sustentável. Como o equilíbrio ecológico é uma consequência da educação, considera-se que a expressão educacionista é suficiente.

Escola Privada Federal. As escolas que mantêm o mesmo padrão de qualidade em todo o país, mesmo sendo privadas.

Fim da história. Conceito sugerido pelo norte-americano Francis Fukuyama, no livro *The End of History*, para indicar que acabara o tempo de ideologias discordantes, na tentativa de orientar o futuro da humanidade. Para Fukuyama, o colapso do socialismo real provocara o fim de toda ideologia socialista e deixara o capitalismo liberal como única alternativa para construir o futuro, por sua natural evolução.

Fim do progresso. É uma maneira de caracterizar o sentimento prevalecente em muitos pensadores e militantes – especialmente aqueles que ficaram órfãos do socialismo e os críticos ao capitalismo –, segundo a qual o progresso terminou, freado pelos limites naturais ao crescimento e pela perda de ética com que ele se desenvolve no momento. Décadas atrás, o movimento *hippie* e as diversas formas de contracultura apresentavam esse sentimento, mas os limites ao crescimento não estavam visíveis e o socialismo encontrava-se em plena expansão política nos países em fase de descolonização. Com a percepção clara do aquecimento global e o colapso do socialismo, a ideia do fim do progresso se consolida em grandes blocos de pensadores, especialmente entre os pós-modernistas.

Fora de classe. Expressão usada no hinduísmo para indicar todos aqueles das castas inferiores. No Brasil, são chamados de "sem classe".

Gulag **liberal.** O arquipélago de pobreza que o neoliberalismo espalha pelo mundo inteiro, provocando condições de vida equivalentes àquelas do *gulag* soviético.

Gulag **social.** Pouco antes do colapso da União Soviética, no período da "Perestroika", foram extintos os campos de concentração e trabalho forçado conhecidos como arquipélagos *gulag*. No lugar deles, o mundo viu surgir uma rede planetária de grupos humanos em condições sociais tão precárias quanto aquela: é o arquipélago *gulag* social, produzido pelo neoliberalismo global. O arquipélago das ilhas de pobreza espalhadas no planeta da globalização.

Hipermodernidade. A supermodernidade é a modernidade de hoje, chamada equivocadamente de pós-modenidade. Mas, a seguir este rumo, é possível imaginar um novo salto, a hipermodernidade: a ultracivilização de uma humanidade evoluída biologicamente por uma mutação induzida pela ciência e tecnologia, em benefício de apenas uma pequena parcela dos seres humanos atuais. Ao deixar para trás uma parte da humanidade, ao criar o estranhamento e a dessemelhança, a pequena parcela evoluída, concentrando os benefícios e sentindo-se livre para a eliminação em massa dos *deixados-para-trás*, como *não-gente,* poderá retomar o equilíbrio ecológico em um planeta Terra para poucos. Esta será uma hipermodernidade.

Intocáveis. Nome dado na religião hindu aos indivíduos das castas mais baixas. Recebem esse nome porque, ao tocar em um deles, ou mesmo ao receber

148   *Cristovam Buarque*

sua sombra, os hindus de classes superiores têm de ser purificados.

Invisíveis. Nome dado para indicar a situação dos brasileiros mais pobres, porque eles parecem invisíveis aos olhos dos mais ricos. Quando estão dentro de seus carros com ar condicionado, ouvindo músicas em seus sistemas de som, os ricos não veem os pobres que na esquina tentam receber alguns centavos, pedindo esmolas ou garimpando lixo. A invisibilidade é um dos truques de psicologia social usados pelos ricos para manter a sanidade mental, ao tolerar o sistema econômico do qual se beneficiam. Graças à invisibilidade dos pobres, é possível manter a indiferença diante da tragédia social, enquanto não veem a dessemelhança. Invisibilidade que só desaparece quando é substituída pelo medo da violência, criando as condições para aumentar o estranhamento que, ao substituir a indiferença por medo, incentiva a busca do isolamento e da apartação explícita, antes da dessemelhança.

Mais-valia-triangular. É a mais-valia que ocorre em sociedades com *apartheid* ou apartação. Na África do Sul havia uma mais-valia dos capitalistas brancos sobre os trabalhadores brancos, mas havia outra dos brancos, trabalhadores ou capitalistas sobre os negros. O mesmo ocorre na apartação brasileira, entre os que estão no lado moderno, trabalhadores ou capitalistas, e os excluídos. Essa é a mais-valia-triangular.

Mais-valia-geracional. As atuais gerações estão depredando a natureza, roubando as gerações futuras de um patrimônio que lhes pertence e provocando uma deseconomia para o futuro, um aumento no custo de produção e na qualidade de vida, exercendo portanto uma mais-valia da atual sobre as futuras gerações.

Malthusiano. Maneira de definir os pensadores que seguem as ideias de Thomas Robert Malthus que, em 1798, publicou o livro *Ensaio sobre o princípio da população*, em que defendia que a população humana cresce mais depressa do que a disponibilidade de meios de produção. Essa visão pessimista do futuro esteve relegada a segundo plano até surgirem as atuais constatações dos "limites ao crescimento".

Margem de desigualdade tolerável. O socialismo defendia com vigor a ideia da igualdade plena, inclusive de renda, mesmo que, para isso, fosse preciso abdicar da liberdade individual. O educacionismo propõe que a liberdade deve prevalecer, tolerando a desigualdade que esteja situada entre duas margens: inferior, com a garantia do mínimo essencial à vida de cada família, e superior, com a interdição de consumo além do que for compatível com o equilíbrio ecológico.

Mesma chance. Objetivo utópico do educacionismo em substituição ao objetivo utópico do socialismo: a igualdade plena.

Modernidade-ética. A modernidade definida com base nos objetivos sociais e não nos produtos usados. Na modernidade-ética, o transporte é moderno se consegue melhorar a locomoção, independentemente do tipo de transporte.

Modernidade-técnica. A modernidade definida pelo produto utilizado. Na modernidade-técnica, a televisão ficou moderna com as cores, mesmo que submetida à censura; o transporte é moderno se utiliza carro de última geração, mesmo que leve mais tempo para realizar a locomoção.

Ócio criativo: Expressão usada pelo italiano Domenico De Masi para indicar o mundo onde o trabalho se une à vida lúdica ou onde a vida do trabalho pode ser combinada com períodos de lazer.

Operador. A mão-de-obra dos tempos atuais que, no lugar de usar as *mãos-com-habilidade*, usa os *dedos-com-conhecimento* para mover as máquinas inteligentes digitalizadas.

País-com-maioria-da-população-de-alta--renda. Os países sempre foram classificados como pertencentes ao Primeiro Mundo, aqueles considerados desenvolvidos, ricos e capitalistas; Segundo Mundo, os pobres e socialistas; e Terceiro Mundo, composto por países subdesenvolvidos e pobres. O Segundo Mundo desapareceu como conceito político. Nos países do Primeiro Mundo surgiram bolsões de pobreza e a crise ecológica mostrou a fragilidade da maior parte deles. No Terceiro Mundo, alguns países realizaram saltos econômicos, gerando grandes riquezas para alguns de seus habitantes. Nesse quadro, a caracterização tradicional perde sentido. O que diferencia economicamente os países, hoje em dia, é se eles têm maioria da população com alta renda ou maioria da população com baixa renda. Os países do Primeiro Mundo já não são de todo ricos, são apenas *países-com-maioria-da-população-de-alta-renda, PMP-AR*; os do Terceiro Mundo já não são pobres, são *países-com-maioria-da-população-de-baixa-renda, PMP-BR*.

País-com-maioria-da-população-de-baixa-renda. Os países antes chamados de Terceiro Mundo, mesmo quando dispõem de riqueza e realizam saltos de crescimento, continuam com uma imensa maioria pobre, por isso é melhor qualificá-los como *países-com-maioria-da-população-de-baixa-renda*, *PMP-BR*.

Plataforma educacional. A teoria do desenvolvimento econômico usou a expressão *take off*, decolagem, para indicar a ascensão dos países atrasados ao mundo desenvolvido. Na realidade atual, o avanço deve vir por meio de uma revolução educacional: no lugar da decolagem, o país deve dar um salto e a plataforma para isso é a educação de qualidade de sua população. A plataforma educacional aplica-se tanto para o país como para cada indivíduo.

População digital. Expressão para substituir o conceito de mão-de-obra no mundo onde o trabalho é sobretudo imaterial com qualificação profissional. População digital significa a totalidade do acervo de trabalhadores em condições de ocupar vagas disponíveis no mundo moderno.

Pós-universidade. Quando a racionalidade grega clássica chegou à Europa, na passagem do primeiro para o segundo milênio, os conventos católicos foram incapazes de captar toda dimensão da revolução intelectual que então acontecia. Surgiram, assim, os novos centros de conhecimento chamados de universidade. Mil anos depois, a universidade tem sido lenta para captar e catapultar o conhecimento na velocidade atual do avanço da ciência, da tecnologia e dos desafios da ética. Nessas condições, se a universidade não for capaz de se adaptar, surgirão novas instituições do saber: as pós-universidades.

Renda-mínima-cidadã. Antigo conceito pelo qual cada cidadão tem direito a receber uma renda mínima, estipulada com base no produto interno bruto do país. No Brasil, essa ideia foi difundida graças ao empenho e vigor de Eduardo Suplicy, a quem se deve a expressão.

Sem-emprego. No mundo de hoje, ao lado dos desempregados provisórios, surge uma categoria de trabalhadores, os inempregáveis, por falta de qualificação profissional.

Socialismo real. Para diferenciar os sistemas socialistas nos países que fizeram essa experiência do sistema socialista teórico, como foi proposto, criou-se a expressão *socialismo real*. Experiências que mantiveram as características de prioridade ao social, mas com privilégios para as classes dirigentes, amarras burocráticas impedindo o aumento da eficiência produtiva e impondo a falta de liberdade individual e de democracia política.

Supermodernidade. O final do século XX trouxe a ideia da *pós-modernidade* para indicar a ruptura ocorrida na evolução histórica, a partir das últimas décadas do século XX. A modernidade, iniciada no século XIX e continuada como uma evolução ao longo do século XX, sofreu descontinuidade, com um salto nos padrões estéticos, no conhecimento científico, no poder das tecnologias, na percepção da crise ambiental e dos limites ao crescimento, nos costumes sexuais, nos choques éticos, na possibilidade de clonagem, na globalização instantânea dos fatos, das informações, dos gostos e padrões de comportamento. A modernidade não basta para indicar esta nova realidade que não se identifica com os fatos das décadas anteriores: surgiu a necessidade de um conceito que fosse além da modernidade. Mas a pós-modernidade é um conceito contraditório em si: *ser moderno* quer dizer *ser de hoje*, do latim *hodiernus*. Não é possível haver modernidade posterior à modernidade; o conceito de futurismo tampouco retrata uma realidade com características determinadas no presente. A solução linguística para mostrar a mudança nas características sociais sofrida pela modernidade, sem corromper o conceito temporal do termo, é caracterizar o mundo de hoje como uma supermodernidade.

Utopistas antigos. *A república*, Platão, IV a.C.; *Sparta*, Plutarco, no livro *A vida de Licurgo*, I d.C.; *Utopia*, Thomas Morus, 1516; *O mundo*, Antonio Francesco Doni, 1552; *A cidade feliz*, Francesco Patrizi, 1553; *La città del sole*, Tommaso Campanella, 1602; *Antangil*, I.D.M., 1616; *Cristianópolis*, Johann Valentim Andreae, 1619; *A nova atlântida*, Francis Bacon, 1627; *Commonwealth of Oceana*, James Harrington, 1656; *Terre Australe Connue*, Gabriel de Foigny, 1676; *Télémaque*, François Fénelon, 1699; *New Britain*, G. A. Ellis, 1820; *Voyage en Icarie*, Étienne Corbet, 1840.

BIBLIOGRAFIA

Este texto tem origem em outros livros do autor, tais como: *A desordem do progresso*, 1990; *O colapso da modernidade brasileira e uma proposta alternativa*, 1991; *A revolução na esquerda e a invenção do Brasil*, 1992; A *revolução nas prioridades, da modernidade-técnica para a modernidade-ética*, 1994; *O que é apartação* – o apartheid *social brasileiro*, 1994; *A cortina de ouro*, 1998; *A segunda abolição*, 1999; *Admirável mundo atual*, 2002.

Outros livros que serviram de base para o autor:

ALAN WEISMAN, *Depois de nós*.

AMARTYA SEN, *Desenvolvimento e liberdade*.

ANDRÉ GORZ, *O fim do proletariado; Misérias del presente, riqueza de lo posible, O imaterial.*

BARBARA TUCHMANN, *A marcha da insensatez.*

CLUBE DE ROMA, *Limites ao crescimento.*

DOMENICO DE MASI, *O ócio criativo.*

FRANCIS FUKUYAMA, *O fim da história e o último homem.*

JACQUES ATTALI, *Marx.*

JARED DIAMOND, *Colapso.*

JOAQUIM NABUCO, *O abolicionismo.*

KARL MARX, *A ideologia alemã.*

KARL MARX E FRIEDRICH ENGELS, *O manifesto comunista.*

MARNIE HUGHES-WARRINGTON, *50 grandes pensadores da história.*

PAULO FREIRE, *Pedagogia do oprimido.*

THOMAS ROBERT MALTHUS, *Ensaio sobre o princípio da população.*

THOMAS MORUS, *A utopia.*

SOBRE O AUTOR

Cristovam Buarque é engenheiro mecânico com doutorado em Economia pela Sorbonne. É professor da Universidade de Brasília, no Departamento de Economia e no Centro de Desenvolvimento Sustentável. Foi reitor da UnB, governador do Distrito Federal e ministro da Educação. Foi candidato a Presidente da República na eleição de 2006, com uma campanha educacionista. É senador da República pelo Distrito Federal. Tem 24 livros publicados, inclusive *O que é apartação*, na coleção "Primeiros Passos".

Impressão e Acabamento

Prol
EDITORA GRÁFICA